做可堪大用能担重任的年轻干部

ZUO KEKANDAYONG NENGDANZHONGREN DE NIANQINGGANBU

刘玉瑛◎著

新华出版社

图书在版编目（CIP）数据

做可堪大用能担重任的年轻干部 / 刘玉瑛著.

北京：新华出版社，2021.9（2025.2重印）

ISBN 978-7-5166-6034-8

Ⅰ.①做… Ⅱ.①刘… Ⅲ.①青年干部－干部培养－中国－学习参考资料 Ⅳ.①D630.3

中国版本图书馆CIP数据核字(2021)第188079号

做可堪大用能担重任的年轻干部

作　　者：刘玉瑛	
出 版 人：匡乐成	丛书策划：许　新
责任编辑：赵怀志	封面设计：刘宝龙

出版发行：新华出版社
地　　址：北京石景山区京原路8号　　邮　　编：100040
网　　址：http://www.xinhuapub.com
经　　销：新华书店、新华出版社天猫旗舰店、京东旗舰店及各大网店
购书热线：010－63077122　　中国新闻书店购书热线：010－63072012
照　　排：六合方圆
印　　刷：大厂回族自治县众邦印务有限公司
成品尺寸：170mm×240mm
印　　张：14.5　　字　　数：160千字
版　　次：2021年9月第一版　　印　　次：2025年2月第三次印刷
书　　号：ISBN 978-7-5166-6034-8
定　　价：48.00元

版权专有，侵权必究。如有质量问题，请与出版社联系调换：010-63077124

前　言

这是一本全面、全新阐述新时代年轻干部怎样才能成为可堪大用、能担重任的栋梁之才的通俗理论读物。其根本遵循是习近平总书记2021年9月1日在中共中央党校（国家行政学院）中青年干部培训班开班式上的讲话精神。

2021年9月1日上午，中共中央党校（国家行政学院）中青年干部培训班开班。习近平总书记出席了开班式，并发表了重要讲话。他在讲话中强调，年轻干部生逢伟大时代，是党和国家事业发展的生力军，必须练好内功、提升修养，做到信念坚定、对党忠诚，注重实际、实事求是，勇于担当、善于作为，坚持原则、敢于斗争，严守规矩、不逾底线，勤学苦练、增强本领，努力成为可堪大用、能担重任的栋梁之才，不辜负党和人民的期望和重托。这是习近平总书记自2019年3月1日以来第5次在中共中央党校中青班开班式上讲授"开学第一课"。

生逢伟大时代的年轻干部，肩负着实现中华民族伟大复兴的重任，必须练好内功、提升修养，具有优秀的品质，这样才能成为可堪大用、能担重任的栋梁之才，不负时代，不负韶华，不负党和人民的期望和重托。

年轻干部的优秀品质不是与生俱来的，而是苦练内功、提升修养的结果，诚如孟子所言："天将降大任于斯人也，必先苦其心志，劳其筋骨，饿其体肤，空乏其身，行拂乱其所为，所以动心忍性，曾益其所不能。"

新时代的年轻干部应该怎样练好内功、提升修养，习近平总书记在讲话中提出了具体而明确的要求。为了帮助新时代的年轻干部正确理解习近平总书记在讲话中的要求，我撰写了《做可堪大用能担重任的年轻干部》一书，对习近平总书记的讲话精神予以了全面的解读。

本书既有理论性，又有实践性。不仅提出问题，更给出了解决问题的方法。它既适合做年轻干部修炼内功、提升修养的阅读书籍，也适合做各级党校、各级党组织对年轻干部的培训教材。同时，它也给年轻干部提供了学习理解习近平总书记讲话精神的一个重要视角。

在撰写本书的过程中，我参阅、引用了部分报刊杂志发表的资料来阐述、说明问题，这些资料大多在引用时已有注明，这里就不再逐一列举，我谨在此向原作者致以诚挚的谢意！

同时，我还要对新华出版社的赵怀志主任说一声"谢谢"，本书由他策划，他为本书的"问世"付出了辛勤的劳动。

刘玉瑛

2021 年 9 月

目 录

第一章 信念坚定 对党忠诚 …………………………… 1

一、坚定理想信念,解决好人生的"总开关" / 3

(一)理想信念是共产党人的精神支柱和政治灵魂 / 4

(二)对马克思主义的信仰是年轻干部的精神力量 / 10

(三)共产主义理想是中国共产党人精神上的"钙" / 18

二、理想信念坚定和对党忠诚是紧密联系的 / 24

(一)对党忠诚是新时代年轻干部首要的政治标准 / 25

(二)和平年代年轻干部对党忠诚的直接检验标准 / 29

(三)对党忠诚要襟怀坦白对党怀有一片赤诚之心 / 34

三、坚定理想信念是终身课题,需要常修常炼 / 36

(一)在理论学习中坚定理想信念 / 37

(二)在斗争实践中砥砺理想信念 / 40

(三)在党性修养中信守理想信念 / 42

第二章　注重实际　实事求是 ……………………………… 45

一、坚持一切从实际出发 / 47
（一）坚持从实际出发的唯一路径 / 47
（二）调查研究要扑下身子沉到底 / 51
（三）要在深入分析思考上下功夫 / 54

二、坚持实事求是的思想路线 / 56
（一）实事求是是中国共产党的思想路线 / 58
（二）实事求是是年轻干部方法论的基石 / 60
（三）讲真话、讲实话，干实事、求实效 / 62

三、坚持实事求是最需要解决的是党性问题 / 68
（一）坚持以党性立身做事 / 68
（二）敢于坚持真理 / 71
（三）善于独立思考 / 74
（四）坚持求真务实 / 75

第三章　勇于担当　善于作为 ……………………………… 81

一、干事担事，是年轻干部的职责所在 / 83
（一）担当是年轻干部必备的基本素质 / 83
（二）担当是年轻干部事业辉煌的基石 / 89

（三）担当是年轻干部做好工作的保证 / 91

二、新时代年轻干部担当的基本要求 / 95

　　（一）强化政治担当 / 95

　　（二）强化"国之大者"担当 / 101

　　（三）强化依法治国担当 / 106

三、培养勇于担当的胆略，掌握善于作为的方法 / 108

　　（一）培养勇于担当的勇气胆略 / 108

　　（二）掌握善于作为的思想方法 / 115

　　（三）掌握善于作为的工作方法 / 122

第四章　坚持原则　敢于斗争 …………………… 125

一、衡量年轻干部是否称职的重要标准 / 127

　　（一）坚持原则要摒弃好人主义 / 128

　　（二）在原则问题上决不含糊、决不退让 / 128

　　（三）培养秉公办事、铁面无私的精神 / 129

二、要丢掉幻想、勇于斗争、善于斗争 / 132

　　（一）敢于斗争是中国共产党的政治优势 / 133

　　（二）在原则问题上寸步不让、寸土不让 / 136

　　（三）要练就善于斗争的真本领、真功夫 / 138

三、增强不当软骨头的风骨、气节、胆魄 / 142

（一）涵养亮剑精神 / 142

（二）培养浩然正气 / 144

（三）加强斗争历练 / 145

第五章　严守规矩　不逾底线 …………………… 147

一、讲规矩是年轻干部的行事之道，立身之本 / 149

（一）认清规矩真谛 / 149

（二）尊重敬畏规矩 / 152

（三）强化规矩意识 / 155

（四）克服特权思想 / 155

二、守底线是年轻干部规避风险的屏障 / 160

（一）底线是为人做事从政的最基本限度 / 161

（二）给自己的人生欲望设置个底线 / 167

（三）在大关节处要保持清醒的头脑 / 174

三、做一个一心为公、一身正气、一尘不染的人 / 178

（一）始终把党和人民放在心中最高位置 / 179

（二）敢于刀尖向内，勇于自我革命 / 182

（三）要正心明道、怀德自重 / 186

第六章　勤学苦练　增强本领····················191

一、多读书、读好书、善读书 / 193

（一）有的放矢，完善必备的知识体系 / 194

（二）熟读精思，把知识转化为见识 / 196

（三）学以致用，用学到的知识解决问题 / 199

二、重视理论学习并发扬"挤"和"钻"的精神 / 199

（一）学习理论，大有裨益 / 199

（二）发扬"挤"和"钻"的精神 / 200

（三）读书要有恒心 / 202

三、坚持在干中学、在学中干 / 203

（一）坚持在干中学 / 203

（二）坚持在学中干 / 207

（三）坚持知行合一 / 210

结　语　深刻把握年轻干部成长成才的根本路径·········218

第一章
信念坚定　对党忠诚

理想信念是中国共产党人的精神支柱和政治灵魂，也是保持党的团结统一的思想基础。党员干部有了坚定理想信念，才能经得住各种考验，走得稳、走得远；没有理想信念，或者理想信念不坚定，就经不起风吹浪打，关键时刻就会私心杂念丛生，甚至临阵脱逃。形成坚定理想信念，既不是一蹴而就的，也不是一劳永逸的，而是要在斗争实践中不断砥砺、经受考验。年轻干部要牢记，坚定理想信念是终身课题，需要常修常炼，要信一辈子、守一辈子。

理想信念坚定和对党忠诚是紧密联系的。理想信念坚定才能对党忠诚，对党忠诚是对理想信念坚定的最好诠释。检验党员干部是不是对党忠诚，在革命年代就要看能不能为党和人民事业冲锋陷阵、舍生忘死，在和平时期也有明确的检验标准。比如，能不能坚持党的领导，坚决维护党中央权威和集中统一领导，自觉在思想上政治上行动上同党中央保持高度一致；能不能坚决贯彻执行党的理论和路线方针政策，不折不扣把党中央决策部署落到实处；能不能严守党的政治纪律和政治规矩，做政治上的明白人、老实人；能不能坚持党和人民事业高于一切，自觉执行组织决定，服从组织安排，等等，都是对党忠诚的直接检验。组织上安排年轻干部去艰苦边远地区工作，是信任更是培养，年轻干部应该以此为荣、争先恐后。刀要在石上磨、人要在事上练，不经风雨、不见世面是难以成大器的。

★ 第一章　信念坚定　对党忠诚 ★

习近平总书记指出："年轻干部要牢记，坚定理想信念是终身课题，需要常修常炼，要信一辈子、守一辈子。"[1] 他还强调："理想信念坚定和对党忠诚是紧密联系的。理想信念坚定才能对党忠诚，对党忠诚是对理想信念坚定的最好诠释。"[2]

习近平总书记的这两段话对新时代的年轻干部提出了坚定理想信念的进一步要求，并深刻阐明了理想信念和对党忠诚的关系。

一、坚定理想信念，解决好人生的"总开关"

理想，是对美好未来有根据、合理的设想，古人称之为"志"。我国自古以来就有重视理想的传统，认为"一息尚存，此志不容稍懈"，把理想与生命等同视之。

理想，是人生的奋斗目标。著名文学家高尔基说得好："一个人追求的目标越高，他们的才力就发挥得越快，对社会就越有益。我确信这是一个真理。"

年轻干部要成为可堪大用、能担重任的栋梁之才，不辜负党和人民的期望和重托，首先必须坚定理想信念，解决好人生的"总开关"。

年轻干部"有了坚定理想信念，才能经得住各种考验，走得稳、走得远；没有理想信念，或者理想信念不坚定，就经不起风吹浪打，

---

[1] 习近平在中央党校（国家行政学院）中青年干部培训班开班式上发表重要讲话，新华网 2021 年 9 月 1 日。
[2] 习近平在中央党校（国家行政学院）中青年干部培训班开班式上发表重要讲话，新华网 2021 年 9 月 1 日。

关键时刻就会私心杂念丛生，甚至临阵脱逃。"[1]

（一）理想信念是共产党人的精神支柱和政治灵魂

习近平总书记指出："中国共产党成立一百年来，始终是有崇高理想和坚定信念的党。这个理想信念，就是马克思主义信仰、共产主义远大理想、中国特色社会主义共同理想。理想信念是中国共产党人的精神支柱和政治灵魂，也是保持党的团结统一的思想基础。"[2]

中国共产党在百年历史中，为什么能遭遇各种挫折而不断奋起？为什么能历尽苦难而淬火成钢？就在于中国共产党有着崇高理想和坚定信念，而且始终坚定执着。

二万五千里长征的胜利，就是中国共产党人理想信念的胜利。红色经典史诗《长征组歌》以艺术的形式再现了长征途中艰难的历程。1965年，为纪念红军长征胜利30周年，曾参加过长征的中国人民解放军开国上将肖华回顾他在长征中的真实经历，历时半年，完成了12首形象鲜明、感情真挚的史诗——《长征组歌》。

"红军夜渡于都河，跨过五岭抢湘江。三十昼夜飞行军，突破四道封锁墙。不怕流血不怕苦，前仆后继杀虎狼。""风雨侵衣骨更硬，野菜充饥志越坚。官兵一致同甘苦，革命理想高于天。"这些歌词真实地再现了长征途中中国共产党人是怎样在理想信念的激励下，下定

---

[1] 习近平在中央党校（国家行政学院）中青年干部培训班开班式上发表重要讲话，新华网2021年9月1日。
[2] 习近平在中央党校（国家行政学院）中青年干部培训班开班式上发表重要讲话，新华网2021年9月1日。

★ 第一章 信念坚定 对党忠诚 ★

★ 长征源合唱团在于都县文化艺术中心进行第500场《长征组歌》公益演出（2021年5月19日摄）。（新华社记者 万象 摄）

决心，不怕牺牲，排除万难，奋勇前行的。

歌词中"抢湘江"虽然只有3个字，但这3个字的背后，却是血染湘江。国务院原副总理耿飚将军参加过湘江战役。他的女儿耿莹说："父亲是湖南人，很喜欢吃鱼，但是绝不吃湘江的鱼。为什么不吃湘江的鱼？因为湘江战役太惨烈了，多少战友的血都流在湘江，湘江的水都是红的。"

"耿飚在回忆录中写道：尖峰岭失守，我们处于三面包围之中。敌人直接从我侧翼的公路上，以宽大正面展开突击。我团一营与敌人厮杀成一团，本来正在阵地中间的团指挥所，成了前沿。七八个敌兵利用一道土坎做掩体，直接窜到了指挥所前面，我组织团部人员猛甩手榴弹，打退一批又钻出一批。警卫员杨力一边用身体护住我，一边向敌人射击，连声叫我快走。我大喊一声：'拿马刀来！'率领他们扑过去格斗。收拾完这股敌人（约一个排）后，我的全身完全成了血浆，血腥味使我不停地干呕。"[1]

二万五千里长征路，血战湘江，四渡赤水，巧渡金沙江，强渡大渡河，飞夺泸定桥，鏖战独树镇，勇克包座，转战乌蒙山，击退上百万穷凶极恶的追兵阻敌，征服空气稀薄的冰山雪岭，穿越渺无人烟的沼泽草地，在红一方面军二万五千里的征途上，平均每300米就有一名红军战士牺牲。

湘江战役的惨烈程度、长征途中的凶险艰难，由此可见一斑。但就是在这样异常艰难险阻下，"红军不怕远征难，万水千山只等

---

[1] 《耿飚之女耿莹：父亲不愿回忆湘江战役不吃湘江鱼》，人民网－中国共产党新闻网2016年12月13日。

闲。五岭逶迤腾细浪，乌蒙磅礴走泥丸。"这是因为"革命理想高于天"。

正是因为有了革命理想这一精神支柱和政治灵魂，红军不怕万里长征路上的一切艰难困苦，把千山万水都看得极为平常。绵延不断的五岭，在红军看来只不过是微波细浪在起伏，而气势雄伟的乌蒙山，在红军眼里也只不过是一颗泥丸而已。

为什么一些革命先驱在敌人的酷刑面前坚贞不屈？在敌人的屠刀面前视死如归？也是因为他们有着坚定的理想信念。李大钊、刘胡兰等都是这样的共产党人。

李大钊（1889年10月29日—1927年4月28日），是中国共产党的创始人之一。1920年他和陈独秀酝酿组建中国共产党，发起组织马克思学说研究会。同年10月，和邓中夏、高君宇、何孟雄等一同建立北京共产主义小组。中国共产党建立后，他任二、三、四届中央委员。

1927年4月6日，李大钊不幸被奉系军阀逮捕。在狱中，他受尽了敌人的严刑拷打，但他始终坚贞不屈。4月28日，敌人决定对他处以绞刑。

面对敌人的绞刑架，李大钊高昂着革命的头颅，大义凛然地发表了最后一次演说："不能因为你们今天绞死了我，就绞死了伟大的共产主义！我们已经培养了很多同志，如同红花的种子，撒遍各地！我们深信，共产主义在世界、在中国，必然要得到光荣的胜利。"李大钊牺牲时，年仅38岁。

在李大钊的心目中，共产主义的理想是永恒的。敌人可以消灭共

★ 做可堪大用能担重任的年轻干部 ★

产党人的肉体,却无法消灭共产党人的理想信念。正是这种坚定的理想信念,鼓舞着无数共产党人前赴后继,为中国人民的解放事业而不懈奋斗,直至用他们宝贵的生命去殉共产主义的伟大事业。

★ 图为李大钊和他的《庶民的胜利》等文章(资料照片)。(新华社发)

第一章　信念坚定　对党忠诚

刘胡兰（1932年10月8日—1947年1月12日），山西省文水县云周西村人。她14岁时被破格推举为中国共产党候补党员，领导当地的土改运动。1946年10月，国民党军大举进犯文水县城。为了保存革命力量，县委决定大部分同志转移上山，留下部分同志坚持斗争。刘胡兰说自己年纪小、熟悉环境，主动要求留下来坚持斗争，党组织同意了她的请求。

她和留下来的同志一起向各村党组织传达党的指示，组织群众掩埋粮食，并配合武工队镇压了反动村长。

1947年1月12日，刘胡兰因为叛徒告密而被捕。面对敌人的威逼利诱，她坚贞不屈："你给我抬一个金人来，我也不自白！"面对敌人的酷刑铡刀，她大义凛然："怕死不当共产党！"

敌人在刘胡兰面前凶残地杀害了同时被捕的其他革命同志，企图以此来让她屈服，但她始终面不改色，最后从容走向铡刀，英勇就义。

1947年3月26日，毛泽东带领中共中央机关转战陕北途中，中央书记处书记任弼时向他汇报了刘胡兰英勇就义的事迹。毛泽东问任弼时："她是党员吗？"任弼时告诉毛泽东："她是一名优秀的共产党员，才15岁。"毛泽东深受感动，挥笔为刘胡兰题写了"生的伟大，死的光荣"这8个大字。

新时代的年轻干部要向李大钊、刘胡兰等革命先烈学习，在艰难险阻、风雨雷霆、腥风血雨中，坚持马克思主义信仰、共产主义远大理想、中国特色社会主义共同理想不变。"砍头不要紧，只要主义真"，"敌人只能砍下我们的头颅，决不能动摇我们的信仰"。

（二）对马克思主义的信仰是年轻干部的精神力量

信仰，是对某种主义或某种习俗、某种宗教深信不疑并充满敬意，且作为自身的行为准则的心理状态。

新时代的年轻干部要练好内功，提升修养，首先必须坚定地信仰、践行和捍卫马克思主义。对马克思主义的信仰是年轻干部的精神力量，是灵魂的抗菌剂。年轻干部坚定了对马克思主义的信仰，痛苦的时候就有支撑的精神力量；迷茫的时候就有抉择的聪明智慧；错误的时候就有改正的方向方法。

第一，坚定地信仰马克思主义。2016年7月1日，习近平总书记在庆祝中国共产党成立95周年大会上的讲话中指出："无论是处于顺境还是逆境，中国共产党从未动摇对马克思主义的信仰"，"背离或放弃马克思主义，中国共产党就会失去灵魂、迷失方向。在坚持马克思主义指导地位这一根本问题上，我们必须坚定不移，任何时候任何情况下都不能有丝毫动摇。"[1]

这是中国共产党革命斗争历史经验的总结。新时代年轻干部必须牢记这一历史经验，坚定地信仰马克思主义，任何时候任何情况下都要毫不动摇。

革命先驱夏明翰（1900年8月25日—1928年3月20日），就是坚定的马克思主义信仰者，而且誓死捍卫马克思主义的信仰。

1900年8月25日，夏明翰出生于湖北省秭归县，12岁随全家回乡。夏家是湖南有名的地主豪绅家庭，祖父一门心思想让夏明翰读"孔

---

[1] 习近平：《在庆祝中国共产党成立95周年大会上的讲话》，新华网2016年7月1日。

第一章　信念坚定　对党忠诚

★ 夏明翰像（资料照片）。（新华社发）

孟之道",将来走仕途之路,但他违背祖父意愿考入了位于衡阳的湖南省立第三甲种工业学校机械科。他在学习中逐步接受了马克思主义思想,走上了革命的道路。

1920年,湖南爱国反帝和驱逐张敬尧的运动风起云涌。张敬尧,是北洋政府皖系军阀骨干。1918年3月至1920年6月张敬尧任湖南省督军,因贪婪残暴,遭到湖南人民的强烈反对。张敬尧刚上任不久,何叔衡就率领湖南学生驱张请愿代表团到衡阳,夏明翰领导湘南学生并发动各界全力投入驱张运动。后来,他到长沙,结识了毛泽东,阅读了马列主义和有关十月革命的新书刊,更加坚定了追求真理的决心。1921年8月,夏明翰由毛泽东、何叔衡介绍加入了中国共产党。

1928年3月18日,因交通员叛变告密,夏明翰在汉口东方旅社被捕。敌人软硬兼施,均未能使他屈服。3月20日,夏明翰在汉口余记里刑场英勇就义,牺牲时年仅28岁。临刑前,他写下了一首正气凛然的就义诗:"砍头不要紧,只要主义真。杀了夏明翰,还有后来人!"这血写的诗篇字字千金,句句千钧,不仅是他伟大人格的体现,也是他崇高理想信念的最好表达。

新时代的年轻干部要向夏明翰同志学习,坚定马克思主义的信仰。共产党人信仰马克思主义,并把她作为党的指导思想是理性的选择。"信仰不是迷信,迷信是不好的,包括对马克思主义和马克思主义哲学我们都不要迷信,但是却可以信可以迷。对马克思主义哲学,只有信了才能迷,只有迷了才能钻,只有钻了才能懂,只有懂了才能用,只有用了,在用中尝到了甜头,才会更加信、更加迷、更加钻。这里关键的是个'信'字。"[1]新时代的年轻干部要信仰马克思主义,就要对马克思主义有正确的认识,解决这个关键的"信"字。

第二,坚定地践行马克思主义。信仰马克思主义,不是口头上的表态,而是要在行动中坚定地践行马克思主义。

坚定地践行马克思主义,就是要坚持马克思主义的立场,即始终站在最广大人民群众的立场,一切为了人民、一切相信人民、一切依靠人民,全心全意地为人民群众谋利益;坚定地践行马克思主义,就是要用马克思主义的观点来看待问题、分析问题和解决问题。30岁的年轻生命永远定格在扶贫路上的黄文秀就是马克思主义的坚定践行者。

黄文秀(1989年4月8日—2019年6月17日)是广西壮族自治区百色市田阳区巴别乡德爱村多柳屯人。2016年,她从北京师范大

---

[1] 李瑞环:《学哲学　用哲学》(上册),北京:中国人民大学出版社2005年版,第17页。

学研究生毕业之后，报名考取了选调生，回到家乡，成为百色市委宣传部的一名干部。

2018年3月，黄文秀以百色市委宣传部副科长的身份，派驻乐业县新化镇百坭村任第一书记。

百坭村山石林立，是个深度贫困村，全村472户中有贫困户195户，

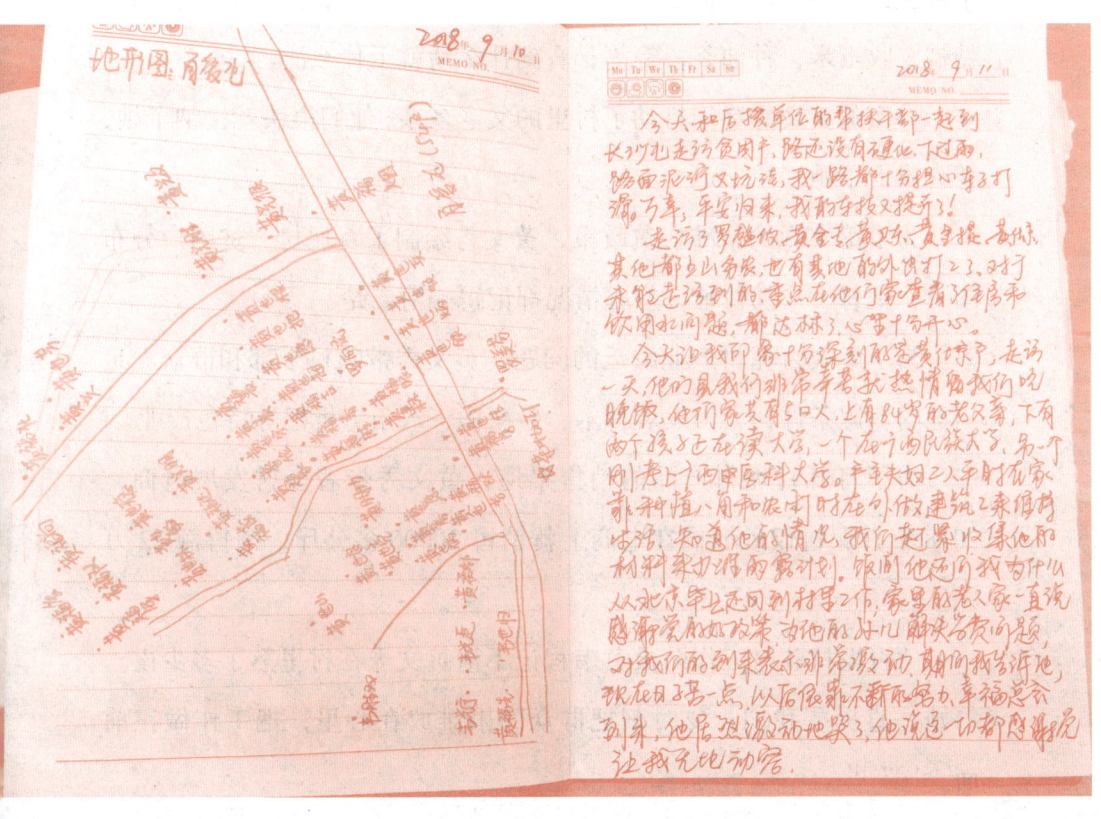

★ 图为黄文秀的扶贫日记（2019年6月20日摄）。（新华社记者 徐海涛 摄）

而且全村11个自然屯位置分散，多个屯距离村部都在10公里以上。

黄文秀上任之初，工作难度相当之大。她走村串户访问贫困户了解情况时，有的村民甚至不让她进门，好不容易进了家门，打开笔记本想记录点什么，群众却僵硬着脸，闭口不言。

为了与困难群众拉近感情，了解到真实情况，黄文秀到了村民家不再直接询问情况，而是脱下外套，帮助村民干农活，扫院子，摘砂糖橘，收玉米，种油茶，等等，看到什么活就干什么活。

朴实的黄文秀终于打动了村里的父老乡亲，他们很快就接纳了她，并喜欢上了她。

为了落实党的精准扶贫政策，黄文秀绘制了百坭村"贫困户分布图"，把每一户的住址、家庭情况都记得一清二楚。

为了解决百坭村产业缺乏的问题，黄文秀带领村干部和群众立足当地的资源条件，大力发展杉木、砂糖橘、八角、枇杷等特色产业。

为了打开百坭村产品的销售渠道，黄文秀带着全村发展电商，2018年百坭村仅砂糖橘在电商上就销售20000多公斤，销售额22万元。

"百坭村驻村工作队员黄韦程记不清黄文秀在村里熬了多少夜。'她一直提醒我们，要时刻把群众的困难放在心里，把工作做在前面。'"[1]

2019年6月17日凌晨，黄文秀从百色返回乐业途中遭遇山洪而因公殉职。

---

[1] 徐海涛、何伟、屈辰：《黄文秀：坚定的初心　闪光的青春》，新华社2019年7月2日。

第一章 信念坚定 对党忠诚

2019年6月，习近平总书记对黄文秀同志的先进事迹作出重要指示。指示说："黄文秀同志研究生毕业后，放弃大城市的工作机会，毅然回到家乡，在脱贫攻坚第一线倾情投入、奉献自我，用美好青春诠释了共产党人的初心使命，谱写了新时代的青春之歌。广大党员干部和青年同志要以黄文秀同志为榜样，不忘初心、牢记使命，勇于担当、甘于奉献，在新时代的长征路上做出新的更大贡献。"[1]

2019年7月1日，中国共产党中央委员会宣传部追授黄文秀"时代楷模"称号。7月17日，中华全国总工会授黄文秀同志"全国五一劳动奖章"。9月，黄文秀荣获第七届全国道德模范"全国敬业奉献模范"。9月25日，黄文秀被授予"最美奋斗者"荣誉称号。10月，黄文秀被追授为"全国优秀共产党员"称号。11月，黄文秀入选感动中国2019候选人物。2020年1月1日，黄文秀被评为"2019十大女性人物"；2020年5月17日，黄文秀被评为"感动中国2019年度人物"；2021年6月29日，在中国共产党诞生100周年之际，黄文秀获得"七一勋章"，这是党内的最高荣誉。

当地村民黄仕京曾经问过黄文秀："你是从北京毕业的研究生，为什么到我们这么边远的农村工作？"黄文秀回答："百色是脱贫的主战场之一，我没有理由不回来，我们党是切实为群众谋发展谋福利的党，怎么能不响应党的号召呢？"[2]她生前还说过："作为驻村第一书记，有信心在党中央的领导下，不获全胜，决不收兵！"

黄文秀的这两段话让我们对她有了更为深刻的了解，她是一位坚

---

[1]《习近平对黄文秀同志先进事迹作出重要指示》，新华网2019年7月1日。
[2] 徐海涛、何伟、屈辰：《黄文秀：坚定的初心 闪光的青春》，新华社2019年7月2日。

守理想、践行初心、担当使命，不怕牺牲、对党忠诚、不负人民的坚定的马克思主义践行者。她的身上体现了伟大的建党精神。

宋代著名思想家朱熹说过："为学之实，固在践履。苟徒知而不行，诚与不学无异。"这句话的意思是说，学习的目的就在于实践，如果只是明白道理而不去做，那么学与不学就没有什么区别了。毛泽东同志在《实践论》中也写到，"如果有了正确的理论，只是把它空谈一阵，束之高阁，并不实行，那末，这种理论再好也是没有意义的。"[1]

新时代的年轻干部信仰马克思主义，就要像黄文秀那样，坚定地践行马克思主义，做到知行合一。唯如此，才能使自身受到更好的锤炼，从而形成优秀的品质。

第三，坚定地捍卫马克思主义。马克思主义是真理。真理是人们对客观事物及其规律性的正确认识。马克思主义揭示了人类社会发展的客观规律，科学真理性是马克思主义的最本质特征。

马克思主义真理是需要捍卫的。马克思主义真理在传播和实践的过程中，不可能轻而易举地就被人们所认识、所接受，通常需要与谬误进行不懈的斗争，甚至会遭遇蓄意歪曲、诋毁和压制。

在此过程中，新时代的年轻干部不仅要坚信马克思主义真理，践行马克思主义真理，而且还要同反对、歪曲马克思主义真理的反动势力做不懈的斗争，即便是付出生命的代价，也应该在所不惜。革命烈士张志新就是马克思主义的坚定捍卫者。

张志新（1930年12月—1975年4月4日）同志是中共辽宁省委

---

[1] 毛泽东：《实践论》（1937年7月），《毛泽东选集》第1卷，北京：人民出版社，1991年6月第2版，第292页。

第一章　信念坚定　对党忠诚

宣传部文艺处的干部，在"文革"中，她因为同林彪、江青反革命集团进行斗争，坚持真理而被捕入狱。

在狱中，她从未低头，也从不认"罪"。她怀着极大的义愤，不停地向破坏真理的邪恶势力开战。她知道这样做会给自己带来巨大的灾难，但她为了真理，全然不顾自己。她说："如果痛苦换来的是认识真理，坚持真理，我应该自觉地欣然承受，那时，也只有那时，痛苦才能转化为幸福。"

1975年4月4日，她惨遭"四人帮"杀害，年仅45岁。1979年3月21日，中共辽宁省委为她彻底平反昭雪，并追认她为革命烈士。张志新同志平反后，被安葬在沈阳回龙岗革命公墓，墓碑题词为："探

★ 图为优秀共产党员张志新的资料照片。（新华社发）

求真理，贵在实践，忠骨毁灭，浩气长存"。2019年9月25日，她被授予"最美奋斗者"的荣誉称号。

新时代的年轻干部应该向张志新同志学习，坚定地捍卫马克思主义。捍卫马克思主义要同错误社会思潮做斗争。社会思潮是在一定历史时期内，反映一定阶段、一定阶层的利益和要求的一种思想倾向。社会思潮有积极意义的正向正确思潮，也有消极意义的负向错误思潮。新时代的年轻干部捍卫马克思主义，就要坚决同错误的社会思潮做不懈的斗争，甚至不惜用生命来捍卫马克思主义真理。捍卫马克思主义真理的人是不惧怕死亡的。在他们的眼中，"一切都会过去，唯有真理长存"。

（三）共产主义理想是中国共产党人精神上的"钙"

《中国共产党章程》明确规定："党的最高理想和最终目标是实现共产主义。""中国共产党人追求的共产主义最高理想，只有在社会主义社会充分发展和高度发达的基础上才能实现。"习近平总书记强调指出："理想信念就是共产党人精神上的'钙'，没有理想信念，理想信念不坚定，精神上就会'缺钙'，就会得'软骨病'。"[1]习近平总书记的这段话生动形象地说明了理想信念对人的精神世界的决定性作用。

美国黑人领袖马丁·路德·金也说过这样一句话："这个世界上，

---

[1] 习近平：《紧紧围绕坚持和发展中国特色社会主义学习宣传贯彻党的十八大精神》（2012年11月17日），《习近平谈治国理政》第1卷，北京：外文出版社，2014年10月第1版，第15页。

没有人能使你倒下，如果你的信念还站立着的话。"具有坚定理想信念的共产党人是不会倒下的，即使牺牲生命也在所不惜。

第一，矢志不渝地追求共产主义理想。人应该都是有理想追求的，但不同的人追求不同的理想。有的人立志升官发财，光宗耀祖，但新时代的年轻干部一定要矢志不渝地追求共产主义理想，并把她作为终身的奋斗目标。"勇往奋进以赴之""瘅精瘁力以成之""断头流血以从之"。

新文化运动的先驱者、中国革命文艺的奠基人沈雁冰（1896年7月4日—1981年3月27日）就是一位矢志不渝地追求共产主义理想之人。

沈雁冰，笔名茅盾。他于1921年在上海加入中国共产党，是我党最早的一批党员之一。他入党之后，就担任中共上海区（兼地方）执行委员会委员。他除了负责与国民党合作，发动社会各阶层进步力量参加革命等统战工作外，还承担着商务印书馆编译所的相关工作。这段时间的工作，用沈雁冰自己的话来说："过去白天搞文字，现在却连白天都要搞政治了。"

1927年大革命失败之后，他遭到蒋介石的通缉，并与党失去了组织上的关系。1928年，他东渡日本。归国后，他曾两次向党组织提出申请，要求恢复组织生活。但是因为工作的需要，他的申请没有得到组织的批准。

中华人民共和国成立后，为了不分享荣誉，他把要求恢复党籍这个意愿埋藏在心底，但却殚精竭虑地为党工作，并出任第一任文化部部长。

★ 做可堪大用能担重任的年轻干部 ★

★ 中国现代文学巨匠沈雁冰生前留下的最后一部分手稿。（新华社发）

1981年3月14日，躺在医院病床上的沈雁冰意识到死神在向他逼近。他艰难地坐起来，给党中央写了一封信。

耀邦同志暨中共中央：

亲爱的同志们，我自知病将不起，在这最后的时刻，我的心向着你们。为了共产主义的理想我追求和奋斗了一生，我请求中央在我死后，以党员的标准严格审查我一生的所作所为，功过是非。如蒙追认为光荣的中国共产党员，这将是我一生最大的荣耀。

1981年3月31日，中共中央批准了他的请求，党龄从1921年算起。

树立理想容易，但要树立至死不变的理想，却不是每一个人都能做到的。沈雁冰同志为我们新时代的年轻干部树立了很好的榜样。从他的行为中，我们看到，一个人如果有了这种至死不变的共产主义理想，就会在危难时刻奋勇争先，在名誉面前退让再三，就会在工作中殚精竭虑，自觉自愿地为党和人民的事业奉献出自己的一切。沈雁冰在临终前，将25万元稿费捐出设立了茅盾文学奖，以鼓励当代优秀长篇小说的创作。

第二，为共产主义的理想"起来行"。共产主义的理想是远大而崇高的，这种远大而崇高的理想要靠奋斗才能实现，坐而论道是实现不了的。

对此，早在1922年周恩来同志就有着非常清醒的认识。当年3月，他在马克思的故乡给国内觉悟社社员的信中宣告："我认的主义一定是不变了，并且很坚决地要为它宣传奔走。"信中还附着一首诗，其中写道：

"没有耕耘，哪来收获？没播革命的种子，却盼共产花开！梦想赤色的旗儿飞扬，却不用血来染他，天下哪有这类便宜事？坐着谈，何如起来行！"

"坐着谈，何如起来行！"这句话说得非常精辟。共产主义理想的实现，是需要一代一代共产党人"起来行"的。新时代年轻干部"起来行"，就要做到：

平常时期看得出来。新时代的年轻干部为共产主义理想"起来行"，就要在日常的工作、学习和社会生活中严格要求自己，从日常小事做起，从平凡的工作做起，从一点一滴做起，处处率先垂范，事事以身作则。有一分热，就发一分光，不必等候炬火。

关键时刻能站出来。新时代的年轻干部为共产主义理想"起来行"，就要在困难的时刻，能迎着困难上，在党和人民需要的时候能勇挑重担。2021年6月29日获得"七一勋章"的卓嘎，就是在党和人民需要的时候能勇挑重担者。她秉持"家是玉麦、国是中国"的坚定信念，数十年如一日以抵边放牧、巡逻的方式守护数千平方公里的国土，国旗挂遍走过的每一条路，践行了"再苦再累也要守好祖国的每一寸土地"的承诺。

生死关头能豁得出来。新时代的年轻干部为共产主义理想"起来行"，就要在危险面前毫不畏惧，为了保护国家和人民的利益，英勇斗争，不怕牺牲。

2021年6月29日获得"七一勋章"的陈红军，就是为了保护国家和人民的利益，英勇斗争，不怕牺牲者。陈红军坚守高原边防10年，带领官兵完成各种急难险重任务。2020年6月15日，他奉命带队前往一线紧急支援，在同外军战斗中，英勇作战、誓死不屈，为捍卫祖国领土主权、维护国家核心利益壮烈牺牲，年仅33岁。

习近平总书记指出："今天，衡量一名共产党员、一名领导干部是否具有共产主义远大理想，是有客观标准的，那就要看他能否坚持全心全意为人民服务的根本宗旨，能否吃苦在前、享受在后，能否勤奋工作、廉洁奉公，能否为理想而奋不顾身去拼搏、去奋斗、去献出自己的全部精力乃至生命。"[1]

---

[1] 习近平：《在新进中央委员会的委员、候补委员学习贯彻党的十八大精神研讨班上的讲话》（2013年1月5日），人民网－中国共产党新闻网。

★ 第一章　信念坚定　对党忠诚 ★

★ 陈红军在组织装甲车训练（资料照片）。（新华社发 李俊磊 摄）

第三，锻造与崇高而远大理想相匹配的品德与才能。新时代的年轻干部要矢志不渝地为推进远大而崇高理想的实现而奋斗，成为可堪大用能担重任的年轻干部，还必须锻造与崇高而远大理想相匹配的品德与才能。

毛泽东在湖南省第一师范学校学习期间，把"少年须有朝气"作为学习和斗争生活中的一句格言，立志"才不胜今人，不足以为才；学不胜古人，不足以为学"。

为了实现自己的这一远大理想，他只争朝夕，十分珍惜时间。每天天不亮，他就到自习室学习。他上课认真听讲，课余时间也不放过任何阅读机会。

他不但读有字书，还读无字书。1917 年，他利用暑假之机，行程 900 多华里，考察了湖南 5 个县，将读书学习与整个社会生活紧密结合起来。刻苦的读书学习，终于使他成为博学多才、雄才大略的一位伟人。

二、理想信念坚定和对党忠诚是紧密联系的

习近平总书记指出："理想信念坚定才能对党忠诚，对党忠诚是对理想信念坚定的最好诠释。"[1] 习近平总书记的这句话明确地说明了理想信念和对党忠诚的关系。

---

[1] 习近平在中央党校（国家行政学院）中青年干部培训班开班式上发表重要讲话，新华网 2021 年 9 月 1 日。

（一）对党忠诚是新时代年轻干部首要的政治标准

"天下至德，莫大于忠。"忠诚，是人类道德价值的普遍取向，代表着赤胆忠心、诚实守信和矢志服从。

古今中外，人们对忠诚向来是推崇备至，认为它是做人的根基，是生命不可缺少的元素。我国清代名相魏裔介说："忠诚敦厚，人之根基也"。苏联著名作家费定说："忠诚好比呼吸。它要是发生摇动，你就会立刻窒息。"中外名人的话虽然表达形式不同，但意思却是相同的，忠诚是一个人的安身立命之本。正因为如此，中国共产党一直高度重视党的干部的忠诚问题，并把对党忠诚作为党的干部的首要政治标准。

第一，对党忠诚是党的年轻干部的一项重要义务。"维护党的团结和统一，对党忠诚老实，言行一致，坚决反对一切派别组织和小集团活动，反对阳奉阴违的两面派行为和一切阴谋诡计。"这是《中国共产党章程》规定的共产党员的八项义务之一。

新时代党的年轻干部要始终牢记"对党忠诚"这一义务要求，并把这一义务要求践行在实际行动中。虽赴汤蹈火而不辞，刀锯鼎镬而不惧。

"虽赴汤蹈火而不辞，刀锯鼎镬而不惧"，这句话来自贺龙的堂弟贺锦斋的家书。

贺锦斋（1901年2月4日—1928年9月8日）是湖南桑植人，原名贺文秀。1928年7月，身为中国工农红军第四军第一师师长的贺锦斋，率领部队转移途中，被敌人包围。在与敌人做最后决死一战之前的1928年9月7日，他给弟弟贺锦章写下了一封家书。家书中写道：

吾弟手足：

我承党的殷勤培养，常哥[1]多年的教育以至今日。我决心向培养者教育者贡献全部力量，虽赴汤蹈火而不辞，刀锯鼎镬而不惧。前途怎样，不能预知，总之死不足惜也。

家中之事我不能兼顾，堂上双亲希吾弟好好孝养，以一身而兼二子之职，使父母安心以增加寿考，则兄感谢多矣。当此虎豹当途、荆棘遍地，吾弟当随时注意善加防患，苟一不慎，即遭灾难。切切，切切。言尽于此，余容后及。

兄 绣

一九二八年九月七日于泥沙

信后附诗二首：

云遮雾绕路漫漫，一别庭帏欲见难。

吾将吾身交吾党，难能菽水再承欢。

忠孝本来事两行，孝亲事望弟承担。

眼前大敌狰狞甚，誓为人民灭虎狼。[2]

写完信的第二天，贺锦斋亲率警卫营和手枪连奋勇冲杀，壮烈牺牲，年仅27岁。

这就是对党的绝对忠诚。为了党的事业，"虽赴汤蹈火而不辞，刀锯鼎镬而不惧"，并心甘情愿献出自己宝贵的生命。

第二，对党忠诚，就要恪守入党誓词做到永不叛党。入党誓词，是入党积极分子成为预备党员后，在入党宣誓仪式上，需要宣读的誓词。

---

[1] 常兄，即贺龙。贺龙最早的名字叫贺文常。
[2] 《家中之事我不能兼顾——贺锦斋致弟弟》，《共产党员网》2019年8月5日。

第一章　信念坚定　对党忠诚

《中国共产党章程》第一章第六条规定:"预备党员必须面向党旗进行入党宣誓。誓词如下:我志愿加入中国共产党,拥护党的纲领,遵守党的章程,履行党员义务,执行党的决定,严守党的纪律,保守党的秘密,对党忠诚,积极工作,为共产主义奋斗终身,随时准备为党和人民牺牲一切,永不叛党。"

入党誓词是共产党员对党的庄严政治承诺。新时代党的年轻干部必须恪守入党誓词,做到永不叛党。牺牲在重庆解放前夕的江竹筠(1920年8月20日—1949年11月14日)烈士为新时代党的年轻干部树立了光辉的榜样。

江竹筠出生于四川省自贡市大安区大山铺镇江家湾。1948年6月14日,由于叛徒出卖,江竹筠不幸在重庆万县被捕。在监狱里,国民党军统特务对江竹筠使用了大量的酷刑。吊索、带刺的钢鞭、撬

★ 图为江竹筠像(资料照片)。(新华社发)

杠、电刑……甚至把竹签钉进她的十指。江竹筠多次痛得昏死过去，又被凉水浇醒。江竹筠受到反复多次的折磨，但国民党军统特务得到的仍是江竹筠的厉声斥骂："你们可以打断我的手，杀我的头，要组织是没有的。"

新时代的年轻干部要向江竹筠同志学习，恪守入党誓词，修炼内功，永不叛党。

2017年10月31日，习近平总书记等中央领导同志在瞻仰中共一大会址、参观《伟大开端——中国共产党创建历史陈列》后，来到中共一大纪念馆宣誓厅，面对党旗一起重温入党誓词。在习近平总书记领誓下，中央政治局常委同志举起右拳，庄严宣誓。

2021年6月18日下午，习近平等党和国家领导同志来到刚刚落成的中国共产党历史展览馆，参观"'不忘初心、牢记使命'中国共产党历史展览"，感悟党的百年奋斗之路。参观结束后，习近平总书记来到党史展览馆六层红色大厅内，面向党旗，举起右拳，带领中央领导同志和党员领导干部重温入党誓词。

80个字的入党誓词，记住并不难，难的是能终身坚守，永志不忘。

新时代的年轻干部要牢记入党誓词，经常加以对照，坚定不移，终生不渝。

新时代的年轻干部要向以习近平同志为核心的党中央看齐，重温入党誓词，增强党性观念，提高对党的事业的责任感和自觉性，时刻以誓词来激励自己，以实际行动履行自己的誓词，为共产主义奋斗终身。

（二）和平年代年轻干部对党忠诚的直接检验标准

习近平总书记指出："检验党员干部是不是对党忠诚，在革命年代就要看能不能为党和人民事业冲锋陷阵、舍生忘死，在和平时期也有明确的检验标准。比如，能不能坚持党的领导，坚决维护党中央权威和集中统一领导，自觉在思想上政治上行动上同党中央保持高度一致；能不能坚决贯彻执行党的理论和路线方针政策，不折不扣把党中央决策部署落到实处；能不能严守党的政治纪律和政治规矩，做政治上的明白人、老实人；能不能坚持党和人民事业高于一切，自觉执行组织决定，服从组织安排，等等，都是对党忠诚的直接检验。"[1]

习近平总书记的这段话为新时代年轻干部锤炼对党忠诚的政治品质提供了根本遵循。

第一，坚持党的领导，坚决维护党中央权威和集中统一领导。党的领导是中国特色社会主义最本质的特征，是中国特色社会主义制度的最大优势，是夺取新时代中国特色社会主义伟大胜利、实现中华民族伟大复兴的根本保证。习近平总书记指出："事在四方，要在中央。坚持党的领导首先是坚持党中央集中统一领导。"[2] 习近平总书记还要求："每一个党的组织、每一名党员干部，无论处在哪个领域、哪个层级、哪个部门和单位，都要服从党中央集中统一领导，确保党中

---

[1] 习近平在中央党校（国家行政学院）中青年干部培训班开班式上发表重要讲话，新华网2021年9月1日。
[2] 摘自习近平总书记主持召开中央政治局常委会议，听取全国人大常委会、国务院、全国政协、最高人民法院、最高人民检察院党组工作汇报，听取中央书记处工作报告，发表重要讲话新闻稿（2018年1月15日）

央令行禁止。"[1]

新时代的年轻干部坚持党的领导,坚决维护党中央权威和集中统一领导,就是要做到,党中央提倡的坚决响应,党中央决定的坚决照办,党中央禁止的坚决杜绝,决不允许上有政策、下有对策,决不允许有令不行、有禁不止,决不允许在贯彻执行中央决策部署上打折扣。对党的决议和政策如有不同意见,在坚决执行的前提下,可以声明保留,并且可以把自己的意见向党的上级组织直至中央提出。

第二,坚决贯彻执行党的理论和路线方针政策,不折不扣把党中央决策部署落到实处。党的理论和路线方针政策是推动党和国家各项事业发展的根本遵循。

中国共产党是中国特色社会主义事业的领导核心,代表中国先进生产力的发展要求,代表中国先进文化的前进方向,代表中国最广大人民的根本利益。如何领导?如何代表?党的理论和路线方针政策就是具体的领导、代表方略。

因此,新时代党的年轻干部对党忠诚,就必须坚决贯彻执行党的理论和路线方针政策,不折不扣地把党中央决策部署落到实处。这是对党忠诚的核心要义。

第三,严守党的政治纪律和政治规矩,做政治上的明白人、老实人。政治问题,任何时候都是一个根本性的大问题。年轻干部对党忠诚,必须注重政治上的要求,必须严守政治纪律和政治规矩,时刻绷紧政治纪律和政治规矩这根弦,始终做政治上的明白人和老实人。

---

[1] 摘自习近平总书记在中央党校省部级主要领导干部专题研讨班开班式上发表重要讲话新闻稿(2017年2月13日)

做政治上的明白人，才能在政治上做到心明眼亮，才能做到自觉在思想上政治上行动上同党中央保持高度一致，在任何时候任何情况下都能"不畏浮云遮望眼""乱云飞渡仍从容"。

做政治上的老实人，才能讲真理，不讲面子；才能坚持实事求是，反对弄虚作假；才能尊重客观规律，摒弃好大喜功；才能坚持在原则基础上加强团结，不搞没有原则的一团和气；才能敢说真话、敢说实话，而不是你好我好大家好的好好先生。

第四，坚持党和人民事业高于一切，自觉执行组织决定，服从组织安排。事业，是人所从事的，具有一定目标、规模和系统而对社会发展有影响的经常活动。

新时代的年轻干部要树立党和人民的事业高于一切的事业观。兢兢业业、埋头苦干、任劳任怨地为党和人民的事业而工作。任弼时（1904年4月30日—1950年10月27日），就是这样的领导干部。

凡是和任弼时同志一起工作或生活过的人，都知道他有三怕：一怕工作少，二怕麻烦人，三怕用钱多。因此，他带病忘我工作，能自己做的事，就自己做好，并且为革命节约每一个铜板。人们称赞他是"党和人民的骆驼"。

任弼时同志患有高血压，党中央一再要他注意休息，但他工作起来就把自己的病情忘到了脑后。

他曾经带病到陕西米脂县杨家沟周围三十几个村子进行过广泛而深入的调查，为中央制订土地改革的方针政策提供了重要的信息资料；他在重病期间，还主持召开了新民主主义青年团第一次全国代表大会。

他在向大会做政治报告时，终因血压太高而晕倒在主席台上。而当他病情稍有好转，他便立即给毛泽东和中央书记处写信，要求每天工作4小时，后来又恳求医生要工作5小时。

朝鲜战争爆发后，他非常关心战局的发展，不顾疾病，夜以继日地工作。有时头痛得支持不住，就擦点清凉油。

身边的人见此情形，很担心，劝他休息。他却说，我们都是共产党员，肩负着革命的重担，能坚持一百步，就不应该走九十九步。我们的工作只能朝前赶，不容往后拖。怎么能总是休息呀！他是这样说的，也是这样做的。

在他病危前夕，他还找武安县、通县的一些同志谈话，为召开全国组织工作会议做准备。就在他去世的前一天晚上，他还在看朝鲜地图。

任弼时同志一心扑在革命工作上，是埋头苦干的一生。正如刘少奇同志在追悼他的大会上所说的，任弼时同志"在整整30年间，埋头工作，不计地位、名义，不顾严重病情，以全部精力从事中国人民革命解放事业"。

新时代的年轻干部要摆正"党和人民的事业"与"个人利益"的关系，把党和人民的事业看得比泰山还重，把个人利益看得比鸿毛还轻。自觉执行组织决定，服从组织安排。在"党和人民的事业"与"个人利益"面前，要毫不犹豫地选择党和人民的事业。安徽省凤阳县小岗村的第一书记沈浩为新时代年轻干部树立了榜样。

沈浩（1964年5月—2009年11月6日）同志于2004年2月被安徽省委组织部、省财政厅选派到凤阳县小岗村担任村党委第一书记。

来到小岗村，沈浩很快就实现了从"城里人"到"村里人"的角色转变。他走村串户了解民情，和农民肩并肩地修路办厂。

第一章 信念坚定 对党忠诚

★ 2008年10月7日,沈浩(前右)与"大包干"带头人关友江、严俊昌、严金昌、严学昌交流小岗村的改革发展情况。(新华社记者 王雷 摄)

三年任期,他带领小岗村的百姓修平了路,启动了小岗村的农家乐旅游服务,小岗村的百姓也逐步走向上了富裕的道路。

然而,沈浩的任期却到了。"当年我们杀头、坐牢都不怕,可沈浩要走,我们真怕了。""大包干"带头人严金昌说。

严宏昌等几个人一合计,带着一封按下了98个红手印的信找到省委组织部和财政厅,恳请留下沈浩。

是离开,还是留下,沈浩面临着两难选择。最终沈浩选择了留下。

- 33 -

一干又是三年。

三年转瞬即逝。第二个三年任期又要到了。是离开，还是留下？小岗村的百姓再一次按下了红手印，真情地挽留。

离家6年了，90岁的母亲让他特别牵挂，妻子、女儿盼着他早日回家团聚。但小岗村的父老乡亲又让他牵肠挂肚……

在党和人民事业与个人利益面前，沈浩选择了留下，而且永远地留在了那里。

"两任村官呕心沥血带领一方求发展，六载离家鞠躬尽瘁引导万民奔小康。"这副长长的挽联，浓缩了沈浩人生最后的光辉时刻。

新时代的年轻干部应该向任弼时、沈浩同志学习，树立正确的事业观，以党和人民的事业为重，以此来修炼内功，提升修养。

（三）对党忠诚要襟怀坦白对党怀有一片赤诚之心

襟怀坦白，是胸怀坦荡、正大光明，能将全部真情率直而老实地向党坦白出来。这也是对党忠诚的重要内容。

襟怀坦白，光明磊落，是党对共产党员的一贯要求。毛泽东同志曾经指出："一个共产党员，应该是襟怀坦白，忠实，积极，以革命利益为第一生命，以个人利益服从革命利益；无论何时何地，坚持正确的原则，同一切不正确的思想和行为做不疲倦的斗争，用以巩固党的集体生活，巩固党和群众的联系；关心党和群众比关心个人为重，关心他人比关心自己为重。这样才算得一个共产党员。"[1]

---

[1] 毛泽东：《反对自由主义》（1937年9月7日），《毛泽东选集》第二卷，北京：人民出版社1991年版，第361页。

第一章 信念坚定 对党忠诚

彭德怀同志常说，一个共产党员，特别是党的高级干部，不应该隐瞒自己的政治观点。为了坚持真理，应该抛弃一切私心杂念，真正具有不怕杀头、不怕坐牢、不怕撤职、不怕开除党籍、不怕老婆离婚的"五不怕"精神。他最讨厌那种明哲保身，不讲原则的党员干部。

在1959年的庐山会议期间，他以一个共产党员对党和人民高度负责的精神，给毛泽东同志写了一封信，反映"三面红旗"存在的问题。虽然因此受到不公正的待遇，但他仍以党和人民的利益为重，为真理而呐喊。

庐山会议之后，他又回到湖南湘潭老家进行调查研究，并把调查研究得到的真实情况写成报告向党中央汇报。

他的侄子劝他不要这样做，以免再遭非议。彭德怀同志对侄子说："我吃了人民的饭，就要为人民做事，替人民说话。""古代仁人志士都能做到'先天下之忧而忧，后天下之乐而乐'，我们共产党人更应该做到。明人不做暗事，有话我还要说。"

新时代的年轻干部应该像彭德怀同志学习，襟怀坦白对党怀有一片赤诚之心。

第一，决不做阳奉阴违的两面派。阳奉阴违，是指玩弄两面派手法，表面上遵从，暗地里违背。2016年10月27日中国共产党第十八届中央委员会第六次全体会议通过的《关于新形势下党内政治生活的若干准则》规定："党的各级组织和全体党员必须对党忠诚老实、光明磊落，说老实话、办老实事、做老实人，如实向党反映和报告情况，反对搞两面派、做'两面人'。"

阳奉阴违的两面派，是破坏党的团结和统一的最大罪魁祸首。在我党历史上，两面派者给党的团结和统一带来过极端的危害。康生、张国焘、王明，都是典型的阳奉阴违的两面派。比如王明，他曾经在莫斯科中山大学学习过。据他的同学回忆，王明在学校时，对用得着的人起劲吹捧，拉帮结伙；而对不满的人总是向校方打小报告、告密，甚至捏造一些"托派""国民党特务"之类的罪名加以陷害。

第二，绝不对党说假话瞒实情。陈云同志在《党员对党要忠实》一文中指出："我们共产党内也不允许有对党言行不一致的党员，不允许任何党员对党讲一句假话。"在陈云看来，党员对党忠实，就是向党组织讲老实话，特别是政治性的问题，对组织不应该有任何保留。

新时代的年轻干部襟怀坦白，对党一片赤诚之心，就要严守党的组织纪律，该请示的请示，该报告的报告，绝不能敷衍组织，更不能欺骗组织；坚决反对和纠正当面不说、背后乱说，会上不说、会后乱说，当面一套、背后一套等错误行为。

第三，敢于同破坏党的团结和统一的现象作斗争。新时代的年轻干部襟怀坦白，对党一片赤诚之心，还要敢于同破坏党的团结和统一的现象作斗争，能在大关节处看清要害，做事情有政治意识、大局意识、核心意识、看齐意识，能够维护党的团结和统一。

三、坚定理想信念是终身课题，需要常修常炼

习近平总书记指出："形成坚定理想信念，既不是一蹴而就的，也不是一劳永逸的，而是要在斗争实践中不断砥砺、经受考验。年轻

干部要牢记，坚定理想信念是终身课题，需要常修常炼，要信一辈子、守一辈子。"[1]

这是习近平总书记对新时代年轻干部提出的要求。他告诉年轻干部，要在斗争实践中不断砥砺理想信念，而且对确立了的理想信念要矢志不渝地坚守。

（一）在理论学习中坚定理想信念

习近平总书记指出："重视学习是中国共产党推动事业发展的一条成功经验。从革命战争年代到和平建设时期，再到改革开放新时期，每当遇到新领域新课题，党都要号召全党同志加强学习。'好学才能上进'，中国共产党人依靠学习走到今天，也必然要依靠学习走向未来。我们的干部要上进，我们的党要上进，我们的国家要上进，我们的民族要上进，就必须大兴学习之风。"[2] 新时代的年轻干部要在学习中坚定理想信念，就要学习，尤其要学习马克思主义理论，学习习近平新时代中国特色社会主义思想，在学习中不断提高自己的政治思想觉悟。

坚定的理想信念，源自思想理论的坚定。习近平总书记指出："认识真理，掌握真理，信仰真理，捍卫真理，是坚定理想信念的精神

---

[1] 习近平在中央党校（国家行政学院）中青年干部培训班开班式上发表重要讲话，新华网 2021 年 9 月 1 日。
[2] 王子晖：《十八大以来，习近平大力"劝学""促学"》，新华网，2017 年 06 月 14 日。

前提。"[1]

共产党人理想信念的坚定，就是建立在马克思主义科学真理的基础之上，建立在马克思主义揭示的人类社会发展规律的基础之上，建立在为最广大人民谋利益的崇高价值的基础之上。

新时代的年轻干部在理论学习中坚定理想信念，首先要明确学什么的问题。学什么？

第一，学习马克思主义理论。理论作为一种揭示、反映客观事物规律的科学体系，与实践有着密不可分的联系。它来源于实践，又对实践起指导作用。科学的理论，可以指导人们正确认识和解决社会活动中出现的各种复杂的情况和问题；可以帮助人们深刻地、准确地理解党的路线、方针、政策，自觉地、创造性地贯彻执行；可以提高人们探索解决新的政治经济社会文化基本问题的本领。总之，人们的行动，如果没有科学的理论指导，必然陷入盲目。

作为新时代的年轻干部，其行动，尤其离不开科学理论的指导。这正如列宁同志所指出的："没有革命理论，就不会有坚强的社会主义政党，因为革命理论能使一切社会主义者团结起来。他们从革命理论中能取得一切信念，他们能运用革命理论来确定斗争方法和活动方式。"习近平总书记也强调说："党员、干部学习，要正确把握学习的方向，否则就容易陷入盲目状态甚至误入歧途。"

新时代的年轻干部正确把握学习的方向，就要认真深入学习马克思主义理论，学习马克思主义中国化的成果，即毛泽东思想、邓小平

---

[1] 习近平：《在纪念红军长征胜利八十周年大会上的讲话》（2016年10月21日），新华网2016年10月21日。

理论、"三个代表"重要思想、科学发展观和习近平新时代中国特色社会主义思想，用真理武装自己的头脑，用真理指引理想的方向，用真理坚定自己的理想信念。

第二，学习党章党规党纪。党章是党的根本大法，是党的总规矩，也是全体党员言行的总规矩和总遵循。新时代的年轻干部在学习中坚定理想信念，党章是学习中必须贯穿的一条主线。

2016年4月24日至27日，习近平总书记在安徽调研时指出："学习党章是全体党员的基本功，这个功课要经常做。学习党章不仅要原原本本学、反反复复学，做到知其然，而且要联系实际学、深入思考学，做到知其所以然。"全党学习贯彻党章的水平，决定着党员队伍党性修养的水平。同样的道理，一位党的年轻干部学习执行党章的水平，决定着他的党性修养水平。

新时代的年轻干部除了学习党章这个总规矩，还要学习党规党纪，以此来规范自身的言行。

第三，学习各种科学文化知识。德国的克劳塞维茨在其《战争论》中指出："人的智力是通过他所接受的知识和思想培养起来的。"的确，离开各种科学文化知识的积累，脱离各种科学文化知识的依托，是谈不上智力的开发，智慧的生成的，修养的提升的。因此，新时代的年轻干部在学习中坚定理想信念，也需要学习各种科学文化知识。正如习近平总书记2013年3月1日在中央党校建校80周年庆祝大会暨2013年春季学期开学典礼上的讲话中所说："学史可以看成败、鉴得失、知兴替；学诗可以情飞扬、志高昂、人灵秀；学伦理可以知廉耻、懂荣辱、辨是非。我们不仅要了解中国的历史文化，还要睁眼看世界，了解世界上不同民族的历史文化，去其糟粕，取其精华，从中获得启发，为我所用。"

（二）在斗争实践中砥砺理想信念

理想信念的确立，从来都不是从温床中形成的，而是在斗争实践中砥砺磨练而成的。

"刀在石上磨，人在事上练。"新时代的年轻干部要主动投身到斗争实践中去，坚持在重大斗争中磨砺，越是困难大、矛盾多的地方，越是形势严峻、情况复杂的时候，越能练胆魄、磨意志、长才干，越能坚定理想信念。

革命老人徐特立就是在腥风血雨的斗争实践中不断砥砺，坚定理想信念的。徐特立（1877年2月1日—1968年11月28日）出生在湖南长沙县五美乡一个贫寒的农家。他比毛泽东年长16岁。

徐特立在年轻的时候，就向往进步，景仰孙中山，曾经参加过辛亥革命。自1895年起，他在长沙等地从事教育工作。毛泽东在湖南第一师范读书时，徐特立是他的老师，毛泽东同志曾称徐特立是他"最敬佩的老师"。

1927年4月12日，蒋介石在上海发动了反革命政变，5月21日长沙又发生"马日事变"，逮捕和屠杀了大批共产党员和革命群众。当时真是"黑云压城城欲摧"。有的理想信念不坚定者叛变、退党。而50岁的徐特立面对血雨腥风的白色恐怖，毅然决然地冒着杀头的危险加入了中国共产党。

陆定一在《人民教育家》一文中对徐特立给予了极高的评价："人

第一章 信念坚定 对党忠诚

★ 徐特立同志1921年在巴黎勤工俭学时留影。（新华社发）

民教育家徐特立同志，就这样给全党同志上了第一课：困难时不要动摇，应当更坚定地奋斗，革命是一定胜利的。徐老给我们的教科书，就是他的入党，这本没有字的教科书，比什么教科书都好，也比什么教科书都重要。"

1934年10月，第五次反"围剿"失败后，中央红军被迫长征。57岁的徐特立与董必武、林伯渠、谢觉哉等编入总卫生部干部休养连，从瑞金出发进行长征。

长征途中，徐特立将马让给伤病员，忍着饥饿带头挖野菜，教授战士识字，亲自下河探路，鼓励战士们要克服困难、勇往直前。他凭着坚忍不拔的毅力和对革命的乐观精神，为广大红军指战员树立了榜样，成为红军队伍中无形的精神力量。徐特立说，长征路上"我的愉快精神如故","其总的原因,就在于只要党存在,红军存在,我们在政治上是有出路的。我们党的自信心,群众的自信心,结合成为战胜帝国主义的民族自信心,因此就战胜了一切肉体上的困难。"

1937年1月31日(农历12月19日)是徐特立的60大寿。毛泽东早在1月30日就为他写了一封热情洋溢的祝贺信。信中说:"你是我二十年前的先生,你现在仍然是我的先生,你将来必定还是我的先生。"贺信称赞徐特立是"革命第一,工作第一,他人第一"。毛泽东的这封贺信高度评价了徐特立坚定不移、老当益壮的革命精神。

新时代的年轻干部要向徐特立同志学习,在斗争实践中不断砥砺理想信念。

(三)在党性修养中信守理想信念

新时代的年轻干部对理想信念要信一辈子、守一辈子,必须加强党性修养。习近平总书记指出:"党性是党员干部立身、立业、立言、立德的基石,必须在严格的党内生活锻炼中不断增强。"这段话明确地说明了党性的重要作用以及如何增强党性的问题。

党性是中国共产党的性质、目标、宗旨、作风、纪律、道德等各方面的要素在党员身上的内化,并通过党员的行为体现出来的特性。

修养,是个人思想品德、意识方面的修炼、养成和提升。党性修养,是共产党员通过学习、锻炼使其思想、行为符合党的性质要求的过程,是政治素质养成的过程。刘少奇同志在《论共产党员的修养》中说:"一个人要求得进步,就必须下苦功夫,郑重其事地去进行自我修养。"

加强党性修养，坚定理想信念，不是一时一处，而是时时处处，而且是永远在路上。

焦裕禄、孔繁森、郑培民、杨善洲、郭明义，等等，之所以能理想信念坚定，成为党的优秀干部，对党和人民的事业尽职尽责，是与他们长期自觉加强党性修养密切相关的。

在郑培民的日记中，我们可以看到"做一个坚定的共产党人"，"做一个合格的党员和合格的领导干部"的话语。

"大浪淘沙,警钟长鸣,不忘宗旨,永葆本色"，也是他经常说的话。

正是因为有了这种时时处处的修养，他活得辛苦而操劳，他活得清白而坦荡；他在灯红酒绿面前不迷眼，他在不义之财面前不伸手；他是百姓的贴心人，他是顶天立地的共产党人。

郭明义为什么能成为党的优秀干部？同样源于他的须臾不息的党性修养。"一个共产党员，能为党为国家为人民的事业奉献自己的一切，是天经地义的，不需要任何理由；自己所做的一切，就是一名党员在履行基本的责任和义务。"

"人人都管事，世上无难事。"

"在日常的工作、生活和社会活动中，经常会有同志问我：老郭，你这么做到底图什么？我真的什么都不图，我认为这是我应该做的事，或者说我所做的一切，都是一名党员最基本的责任和义务。"

"也有许多同志问我，你没有看到党内有那么多消极腐败现象吗？我说，我看到了，也听到了，但那只是少数、个别的现象，不能因此就动摇了对党的信念。我们如果只看到消极的一面，就会使自己信仰空虚、意志薄弱,而在社会上,在我们的身边,有那么多优秀的党员干部、优秀的党员,他们的事迹和精神在时刻感染着我,激励着我,使我不敢有丝毫的放松、丝毫的懈怠。"

正是由于这样的修养,这样的认识,这位普通的矿工做出了不普通的奉献;这位平凡的人物书写了不平凡的人生。

第二章

注重实际 实事求是

做可堪大用能担重任的年轻干部

坚持一切从实际出发，是我们想问题、作决策、办事情的出发点和落脚点。坚持从实际出发，前提是深入实际、了解实际，只有这样才能做到实事求是。要了解实际，就要掌握调查研究这个基本功。要眼睛向下、脚步向下，经常扑下身子、沉到一线，近的远的都要去，好的差的都要看，干部群众表扬和批评都要听，真正把情况摸实摸透。既要"身入"基层，更要"心到"基层，听真话、察真情，真研究问题、研究真问题，不能搞作秀式调研、盆景式调研、蜻蜓点水式调研。要在深入分析思考上下功夫，去粗取精、去伪存真，由此及彼、由表及里，找到事物的本质和规律，找到解决问题的办法。

坚持从实际出发、实事求是，不只是思想方法问题，也是党性强不强问题。从当前干部队伍实际看，坚持实事求是最需要解决的是党性问题。干部是不是实事求是可以从很多方面来看，最根本的要看是不是讲真话、讲实话，是不是干实事、求实效。年轻干部要坚持以党性立身做事，把说老实话、办老实事、做老实人作为党性修养和锻炼的重要内容，敢于坚持真理，善于独立思考，坚持求真务实。

第二章 注重实际 实事求是

"注重实际、实事求是",是习近平总书记对新时代年轻干部练好内功、提升修养的一项重要要求。注重实际,实事求是,就是要一切从实际情况出发。这是新时代年轻干部想问题、作决策、办事情的出发点和落脚点。

一、坚持一切从实际出发

习近平总书记指出:"坚持从实际出发,前提是深入实际、了解实际,只有这样才能做到实事求是。要了解实际,就要掌握调查研究这个基本功。要眼睛向下、脚步向下,经常扑下身子、沉到一线,近的远的都要去,好的差的都要看,干部群众表扬和批评都要听,真正把情况摸实摸透。"[1]

这段话为新时代年轻干部坚持从实际出发设计出了重要的路径,这就是要掌握调查研究这个基本功。

(一)坚持从实际出发的唯一路径

调查研究是党的优良传统和工作作风,是坚持从实际出发的唯一路径。1930年5月,毛泽东为反对当时中国工农红军中存在的教条主义思想,撰写了《反对本本主义》一文,这是关于调查研究问题的一部重要文献。《反对本本主义》原名为《调查工作》。在这篇重要文献中,毛泽东鲜明地提出:"没有调查,就没有发言权。""你对

---

[1] 习近平在中央党校(国家行政学院)中青年干部培训班开班式上发表重要讲话,新华网2021年9月1日。

★ 1927年至1933年,毛泽东在革命根据地内进行了大量的调查研究和理论创作。图为当时写的农村调查报告。(高风摄)

于某个问题没有调查,就停止你对于某个问题的发言权。"[1]

习近平总书记更是深化了党的调查研究思想,他强调指出:"调查研究是谋事之基、成事之道。没有调查,就没有发言权,更没有决策权。"他还多次要求,要在全党大兴调查研究之风。

毛泽东和习近平总书记都是通过调查研究来了解实际的,并坚持一切从实际出发来解决问题的。

1941年3月17日,毛泽东在给《农村调查》写的序言中指出:"要了解情况,唯一的方法是向社会作调查,调查社会各阶级的生动情况。对于担负指导工作的人来说,有计划地抓住几个城市、几个乡村,用马克思主义的基本观点,即阶级分析的方法,作几次周密的调查,乃

---

[1] 毛泽东:《反对本本主义》,《毛泽东选集》第1卷,北京:人民出版社,1991年,第109页。

是了解情况的最基本的方法。只有这样，才能使我们具有对中国社会问题的最基础的知识。"[1]

1941年9月13日，毛泽东在延安对中央妇委和中共中央西北局联合组成的妇女调查团的讲话中，还谈了他通过调查研究了解农村社会情况的体会。

他说："我做了四个月的农民运动，得知了各阶级的一些情况，可是这种了解是异常肤浅的，一点不深刻。后来，中央要我管理农民运动。我下了一个决心，走了一个月零两天，调查了长沙、湘潭、湘乡、衡山、醴陵五县。这五县正是当时农民运动很高涨的地方，许多农民都加入了农民协会。国民党骂我们'过火'，骂我们是'游民行动'，骂农民把大地主小姐的床滚脏了是'过火'。其实，以我调查后看来，也并不都是象他们所说的'过火'，而是必然的，必需的。因为农民太痛苦了。我看受几千年压迫的农民，翻过身来，有点'过火'是不可免的，在小姐的床上多滚几下子也不妨哩！"[2]

毛泽东还说，他通过寻乌调查，弄清了富农和地主的问题，提出了解决富农问题的方法；他通过兴国调查，弄清了贫农与雇农的问题，并对贫农团在分配土地过程中的重要性有了认识。

1990年5月17日，原先驻扎连江县的南京军区某师师部奉命迁入福州市郊五凤山脚下的军营。当天晚上，刚刚上任九天的福州市委

---

[1] 毛泽东：《〈农村调查〉的序言和跋》，《毛泽东选集》第3卷，北京：人民出版社，1991年，第789页。
[2] 毛泽东：《关于农村调查》（1941年9月13日），《毛泽东农村调查文集》，北京：人民出版社，1983年版，第22页。

书记习近平便连夜冒雨走进了部队临时搭建的野战帐篷。

"你们刚搬到这里，困难肯定不少。有多少难处，竹筒倒豆子，全都倒出来。然后我们再逐个帮你们捡起来，一粒不会少。"习近平微笑着说。

初到此地，部队面临着许多现实困难。部队领导连提了三个请求：能不能修一条战备路，能不能解决三百多名随军家属落户和一百多名随军子女入学的问题？

面对这三个在当时并不那么容易解决的问题，习近平没有丝毫犹豫，当即表态"要特事特办，马上就办"。那份担当和气魄给部队的指战员们吃下了定心丸。

不久以后，一条2.5公里的战备公路通车，从规划到竣工仅用了一个月的时间；全师符合条件的随军家属，全部落户福州；跟随父母辗转多地的孩子们进入了福州的小学、中学读书。在此之前，这支入闽15年的部队，子弟里没有出过一个大学生。而此后25年，不少孩子如愿以偿考入清华大学、南京大学、厦门大学……[1]

怎样通过调查研究来了解实际，并坚持一切从实际出发来解决问题？毛泽东和习近平总书记为新时代的年轻干部作出了榜样，实践了路径。新时代的年轻干部要向毛泽东和习近平总书记学习，向他们看齐，深入调查研究，了解实际，一切从实际出发来解决社会生活中存在的各种问题。

---

[1]《秘书工作》采访组：《习近平同志在福州工作期间倡导践行"马上就办"纪实》，2015年03月11日人民网－中国共产党新闻网。

（二）调查研究要扑下身子沉到底

调查研究"要眼睛向下、脚步向下，经常扑下身子、沉到一线，近的远的都要去，好的差的都要看，干部群众表扬和批评都要听，真正把情况摸实摸透。既要'身入'基层，更要'心到'基层，听真话、察真情，真研究问题、研究真问题，不能搞作秀式调研、盆景式调研、蜻蜓点水式调研。"[1]这是习近平总书记对新时代年轻干部如何进行调查研究提出的具体而明确的要求。

第一，深入群众，深入基层。新时代的年轻干部调查研究必须深入群众，深入基层，到群众中去倾听基层干部群众的所想所急所盼，脚踏实地地去了解和掌握真实情况，千万不能走马观花、蜻蜓点水似地去调查研究，更不能只看到一点表面现象，一个枝节片叶，就以偏概全，指手画脚。这是调查研究之大忌。

深入群众，深入基层，不仅"身到"，更要"心到"。"身到"而"心不到"，是形式上的调查研究，而不是实际上的调查研究。形式上的调查研究是根本了解不到真实情况的。

"涉浅滩者得鱼虾，入深水者得蛟龙。"年轻干部在调查研究中，只有放下架子、扑下身子，接地气、通下情，"身入心至"，才能获得真实有益的东西。

第二，细心听取各方面的意见。调查研究是一项深入细致的工作。细致，就包括细心听取各方面的意见。请看毛泽东在调查研究中是怎样认真听取各方面的意见，深入分析问题，掌握全面情况的。1941

---

[1] 习近平在中央党校（国家行政学院）中青年干部培训班开班式上发表重要讲话，新华网2021年9月1日。

年3月17日,他在《农村调查》的序言中谈到过他是怎样细心听取各方面的意见的。他说:

"开调查会,是最简单易行又最忠实可靠的方法,我用这个方法得了很大的益处,这是比较什么大学还要高明的学校。到会的人,应是真正有经验的中级和下级的干部,或老百姓。我在湖南五县调查和

★ 在山西省永和县奇奇里村,驻村第一书记郭若桥(右)和村民拉家常(2019年4月1日摄)。郭若桥1989年出生,2015年来到奇奇里村担任第一书记。驻村后,他扑下身子,沉下心来为村民办实事:将村里的土路改造成柏油路,为村民种的枣联系销路,帮助村民发展农家乐和特色养殖。(新华社记者 詹彦 摄)

井冈山两县调查，找的是各县中级负责干部；寻乌调查找的是一部分中级干部，一部分下级干部，一个穷秀才，一个破产了的商会会长，一个在知县衙门管钱粮的已经失了业的小官吏。他们都给了我很多闻所未闻的知识。使我第一次懂得中国监狱全部腐败情形的，是在湖南衡山县作调查时该县的一个小狱吏。兴国调查和长冈、才溪两乡调查，找的是乡级工作同志和普通农民。这些干部、农民、秀才、狱吏、商人和钱粮师爷，就是我的可敬爱的先生，我给他们当学生是必须恭谨勤劳和采取同志态度的，否则他们就不理我，知而不言，言而不尽。开调查会每次人不必多，三五个七八个人即够。必须给予时间，必须有调查纲目，还必须自己口问手写，并同到会人展开讨论。因此，没有满腔的热忱，没有眼睛向下的决心，没有求知的渴望，没有放下臭架子、甘当小学生的精神，是一定不能做，也一定做不好的。必须明白：群众是真正的英雄，而我们自己则往往是幼稚可笑的，不了解这一点，就不能得到起码的知识。"[1]

从毛泽东的这段话中，我们不难看出，他是怎样悉心听取各方面的意见的。他把干部、农民、秀才、狱吏、商人和钱粮师爷，都当成自己可敬爱的先生，以恭谨勤劳和采取同志态度的方式向他们请教，从而获得了真实的情况。

第三，要听真话、察真情，真研究问题、研究真问题。这"四真"是习近平总书记对新时代年轻干部调查研究提出的重要要求。只有"听真话、察真情，真研究问题、研究真问题"，才是真正的调查研究。

---

[1] 毛泽东：《〈农村调查〉的序言和跋》（1941年3月17日），《毛泽东农村调查文集》，北京：人民出版社1983年版，第16—17页。

听真话、察真情，真研究问题、研究真问题，关键是要能听到真话。

怎样才能听到真话？毛泽东在1941年的时候，曾经谈了自己调查研究听真话的经验。

"怎样使对方说真话？各个人特点不同，因此，要采取的方法也各不相同。但是，主要的一点是要和群众做朋友，而不是去做侦探，使人家讨厌。群众不讲真话，是因为他们不知道你的来意究竟是否于他们有利。要在谈话过程中和做朋友的过程中，给他们一些时间摸索你的心，逐渐地让他们能够了解你的真意，把你当作好朋友看，然后才能调查出真情况来。群众不讲真话，不怪群众，只怪自己。

"我在兴国调查中，请了几个农民来谈话。开始时，他们很疑惧，不知我究竟要把他们怎么样。所以，第一天只是谈点家常事，他们脸上没有一点笑容，也不多讲。后来，请他们吃了饭，晚上又给他们宽大温暖的被子睡觉，这样使他们开始了解我的真意，慢慢有点笑容，说得也较多。到后来，我们简直毫无拘束，大家热烈地讨论，无话不谈，亲切得象自家人一样。"[1]

毛泽东的话归结到一点，就是调查研究要能听到真话，察到实情，就必须放下架子，扑下身子，跟群众做朋友。

（三）要在深入分析思考上下功夫

新时代的年轻干部调查研究"要在深入分析思考上下功夫，去粗取精、去伪存真，由此及彼、由表及里，找到事物的本质和规律，找

---

[1] 毛泽东：《关于农村调查》（1941年9月13日），《毛泽东农村调查文集》，北京：人民出版社，1983年版，第27页。

到解决问题的办法。"[1]

新时代的年轻干部通过调查研究，全面而深入细致地了解到了实际情况，但这还仅仅是一个开始，更重要的是要能站在马克思主义的立场上，对矛盾进行深入的分析，并透过现象看到其本质，从而认识并把握它的内在规律。毛泽东的《寻乌调查》就是准确分析矛盾、发现问题的典范之作。

1930年5月，毛泽东同志在江西省寻乌县进行了20多天的调查。在调查期间，他对寻乌的政治区划、地理交通、商业活动、土地关系、土地斗争的状况，进行了全面而详尽的考察分析。《寻乌调查》一文，就是考察分析的结果。文中详细叙述了寻乌的水陆运输、商品集散和流向，以及20多个行业的状况。通过寻乌调查，他搞清楚了富农的问题，认为，对于富农应该在经济上限制而不是彻底消灭，提出了对富农的土地要实行"抽多补少""抽肥补瘦"的土地分配方案。

1941年9月13日，毛泽东在《关于农村调查》一文中写道："到井冈山之后，我作了寻乌调查，才弄清了富农与地主的问题，提出解决富农问题的办法，不仅要抽多补少，而且要抽肥补瘦，这样才能使富农、中农、贫农、雇农都过活下去。"[2]

2011年11月16日，习近平总书记在中共中央党校秋季学期第二批学员入学开学典礼上的讲话中曾经评价过毛泽东的寻乌调查。他

---

[1] 习近平在中央党校（国家行政学院）中青年干部培训班开班式上发表重要讲话，新华网2021年9月1日。
[2] 毛泽东：《关于农村调查》（1941年9月13日），《毛泽东农村调查文集》，北京：人民出版社，1983年版。第22页。

说:"毛泽东同志1930年在寻乌县调查时,直接与各界群众开调查会,掌握了大量第一手材料,诸如该县各类物产的产量、价格,县城各业人员数量、比例,各商铺经营品种、收入,各地农民分了多少土地、收入怎样,各类人群的政治态度,等等,都弄得一清二楚。这种深入、唯实的作风值得我们学习。"[1]

年轻干部应该响应习近平总书记的号召,学习毛泽东同志深入、唯实的作风,学习毛泽东同志准确分析矛盾,发现问题、解决问题的本领。

年轻干部的调查研究不是为了调查而调查,不是为了研究而研究。调查研究的目的,是要把事情的真相和全貌调查清楚,把问题的本质和规律把握准确,把解决问题的思路和对策研究透彻。

因此,年轻干部对调研得来的大量材料和情况,要认真研究分析,由此及彼、由表及里。"对经过充分研究、比较成熟的调研成果,要及时上升为决策部署,转化为具体措施;对尚未研究透彻的调研成果,要更深入地听取意见,完善后再付诸实施;对已经形成举措、落实落地的,要及时跟踪评估,视情况调整优化。"[2]

二、坚持实事求是的思想路线

"实事求是"一词,最早出自《汉书·河间献王传》。它是东汉

---

[1] 习近平:《谈谈调查研究》,学习时报2011年11月22日。
[2] 习近平在中央党校(国家行政学院)中青年干部培训班开班式上发表重要讲话,新华网,2020年10月10日。

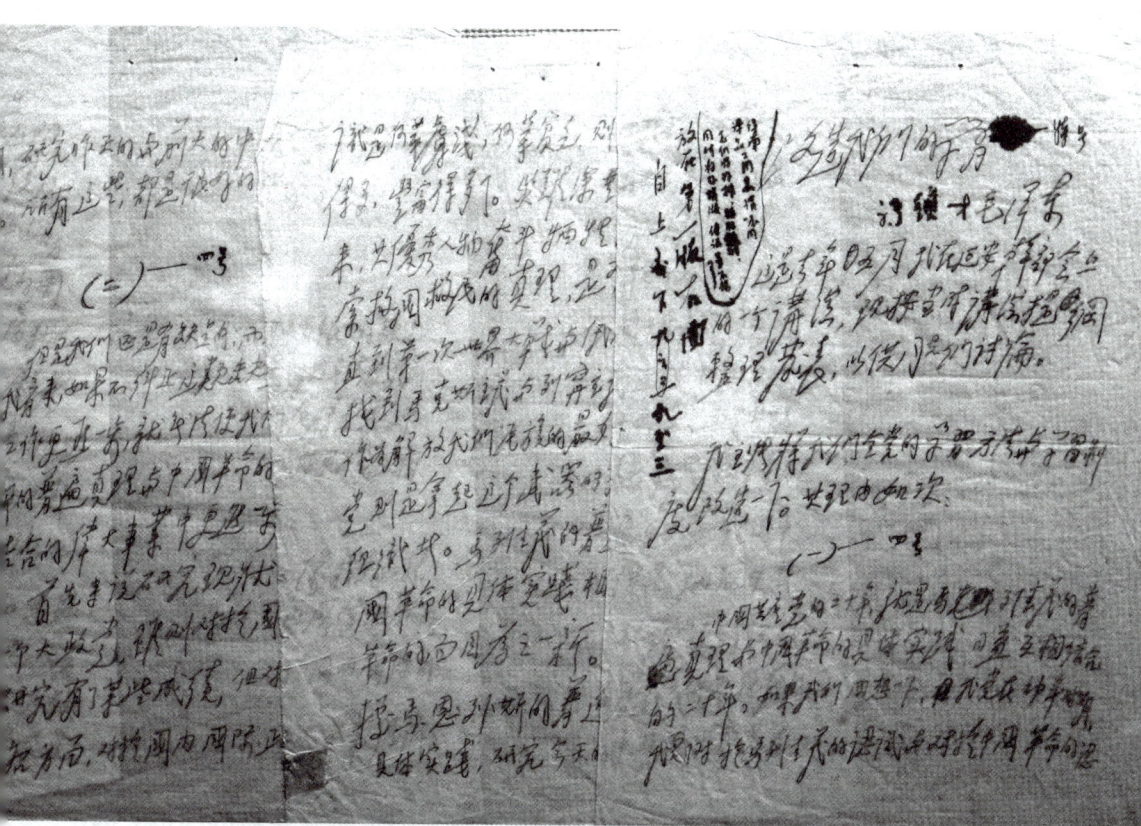

★ 图为延安整风运动时期毛泽东所著《改造我们的学习》手稿（2016年6月15日摄）。（新华社记者 邵瑞 摄）

著名史学家班固赞誉汉景帝儿子刘德严谨治学态度的话。原文是："修学好古，实事求是，从民得善书，必为好写与之，留其实。"唐代的严师古注释"实事求是"说："务得事实，每求真实也。"这里是说，做学问，务必掌握详细真实的资料，以得出与实际相符合的结论。

毛泽东吸取了"实事求是"这一中国传统文化思想中的精华，并用马克思的辩证唯物主义和历史唯物主义来加以概括，从而赋予了它以新的内涵。

1941年5月，在延安干部工作会议上，毛泽东作了《改造我们的学习》的报告。在报告中，他对实事求是作了如下的阐述："'实事'就是客观存在着的一切事物，'是'就是客观事物的内部联系，即规律性，'求'就是我们去研究。我们要从国内外、省内外、县内外、区内外的实际情况出发，从其中引出其固有的而不是臆造的规律性，即找出周围事变的内部联系，作为我们行动的向导。"[1]

（一）实事求是是中国共产党的思想路线

早在1938年10月，毛泽东在党的六届六中全会上的报告中就指出："共产党员应是实事求是的模范，又是具有远见卓识的模范。因为只有实事求是，才能完成确定的任务；只有远见卓识，才能不失前进的方向。"[2] 中国共产党就是靠着实事求是起家和兴旺发展起来的。

---

[1] 毛泽东：《改造我们的学习》《毛泽东选集》第3卷，北京：人民出版社，1991年6月第2版，第801页。
[2] 毛泽东：《中国共产党在民族战争中的地位》（1938年10月14日），《毛泽东选集》第2卷，北京：人民出版社，1991年6月第2版，第522-523页。

★ 第二章　注重实际　实事求是 ★

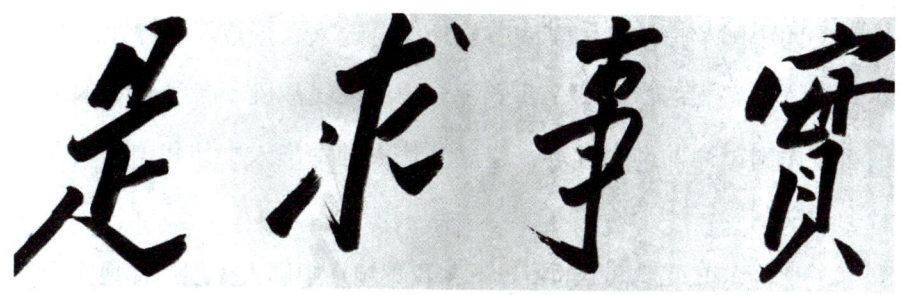

★ 图为1941年冬毛泽东为中共中央党校题词"实事求是"。（新华社稿 高风摄）

邓小平曾经指出："毛泽东同志在延安为中央党校题了'实事求是'四个大字，毛泽东思想的精髓就是这四个字。毛泽东同志所以伟大，能把中国革命引导到胜利，归根到底，就是靠这个。"[1]

进入改革开放和社会主义现代化建设新时期，邓小平又强调："过去我们搞革命所取得的一切胜利，是靠实事求是；现在我们要实现四个现代化，同样要靠实事求是。"[2]

正是由于中国共产党确立了实事求是的思想路线，才使党克服了以教条主义的观点来对待马克思列宁主义原理的错误倾向，克服了把国际决议和苏联经验神圣化的错误观念，创造性地开辟了一条农村包围城市、武装夺取政权的中国革命的独特道路，创造性地将马克思列

---

[1] 邓小平：《高举毛泽东思想旗帜，坚持实事求是的原则》（1978年9月16日），《邓小平文选》第2卷，北京：人民出版社1994年版，第126页。
[2] 邓小平：《解放思想，实事求是，团结一致向前看》（1978年12月13日），北京：人民出版社，1994年10月第2版，《邓小平文选》第2卷，第143页。

宁主义同中国革命的具体实践有机地结合起来,形成了毛泽东思想。正是在这一思想的指导下,我党领导中国人民战胜了各种艰难险阻,取得了中国革命的彻底胜利,建立了伟大的中华人民共和国,确立了社会主义制度。

正是在实事求是思想的指导下,我党领导中国人民创造性地实现了从新民主主义到社会主义的转变,并取得了很大的社会主义建设成就。

正是在实事求是思想的指导下,我党领导中国人民推动物质文明、政治文明、精神文明、社会文明、生态文明协调发展,创造了中国式现代化新道路,创造了人类文明新形态。中华民族迎来了从站起来、富起来到强起来的伟大飞跃,实现中华民族伟大复兴进入了不可逆转的历史进程!

实事求是,为建设中国特色的社会主义理论奠定了哲学基础。只有在这一思想路线的指导下,中国特色社会主义建设事业才能顺利发展,中国共产党才能永葆蓬勃的生机和先进性,中华民族伟大复兴才能真正实现。

(二)实事求是是年轻干部方法论的基石

新时代的年轻干部要做好领导工作是要有领导方法的。领导方法可分为三个层次:

一是方法论。方法论,就是马克思主义的唯物论和辩证法。

二是基本领导方法。基本工作方法是反映领导工作的一般规律,适用面比较广的工作方法。比如,一般号召和个别指导相结合的方法,从群众中来到群众中去的方法,调查研究的方法,抓主要矛盾带次要矛盾解决的方法，抓两头带中间的方法，等等。

三是具体的领导方法。具体的领导方法是一般领导方法的引申、展开和派生。它是适用于某些具体阶段、具体领域的领导工作的方法。它反映的是领导活动的特殊规律。如决策的方法、科学授权的方法、知人善任的方法，等等。

这三个层次，方法论起着决定性的作用。而马克思主义的唯物论和辩证法的根本要求就是实事求是。正如邓小平所说："马克思、恩格斯创立了辩证唯物主义和历史唯物主义的思想路线，毛泽东同志用中国语言概括为'实事求是'四个大字。"[1]

因此，新时代的年轻干部要掌握正确的领导方法，就得掌握马克思主义的唯物论和辩证法，坚持实事求是。

年轻干部掌握马克思主义的唯物论和辩证法，坚持实事求是，需要认真学习马克思主义哲学思想，把它作为看家本领。毛泽东在延安时期，曾经把马克思主义哲学比喻为"望远镜"和"显微镜"。他说："我们的眼力不够，应该借助于望远镜和显微镜。马克思主义的方法就是政治上和军事上的望远镜和显微镜。"[2]

2013年12月3日，习近平总书记在中共中央政治局第十一次集体学习时的讲话中也强调："党的各级领导干部特别是高级干部，要原原本本学习和研读经典著作，努力把马克思主义哲学作为自己的看家

---

[1] 邓小平：《坚持党的路线，改进工作方法》（1980年2月29日），《邓小平文选》第2卷，北京：人民出版社1994年版，第278页。
[2] 毛泽东：《中国革命战争中的战略问题》（1936年12月），《毛泽东选集》第1卷，北京：人民出版社1991年版，第212页。

本领。"把马克思主义哲学作为领导干部的"看家本领",充分体现了以习近平同志为核心的党中央对马克思主义哲学地位的充分认识和高度重视。

汉代刘安在《淮南子·说林训》中云:"太山之高,背而弗见;秋毫之末,视之可察。"泰山虽然雄伟高峻,但背朝着它就什么也看不见;秋天鸟兽新长的细毛虽然微小,但仔细观察也能看得清楚。

年轻干部掌握了马克思主义哲学这个"望远镜"和"显微镜",就能见微知著,透过现象看到本质。"哲学是明白学、智慧学,学懂了哲学,脑子就灵,眼睛就亮,办法就多;不管什么时候、干什么工作都会给你方向、给你思路、给你办法。"[1]

(三)讲真话、讲实话,干实事、求实效

习近平总书记指出:"干部是不是实事求是可以从很多方面来看,最根本的要看是不是讲真话、讲实话,是不是干实事、求实效。"[2] 这就给出了检验年轻干部是否实事求是的一条重要的标准。

第一,讲真话、讲实话是党的一贯要求。1945年4月24日,毛泽东在中国共产党第七次全国代表大会上所作的报告中强调:"要讲真话,不偷、不装、不吹。偷就是偷东西,装就是装样子,'猪鼻子里插葱——装象',吹就是吹牛皮。讲真话,每个普通的人应该如此,

---

[1] 李瑞环:《学哲学 用哲学》(上册),北京:中国人民大学出版社2005年版,第16页。
[2] 习近平在中央党校(国家行政学院)中青年干部培训班开班式上发表重要讲话,新华网2021年9月1日。

第二章 注重实际 实事求是

每个共产党人更应该如此。[1] 1959年4月29日毛泽东在他亲自撰写的《党内通讯》中又告诫全党："一切大话、高调，切不可讲，讲就是十分危险的。"他还指出："老实人，敢讲真话的人，归根到底，于人民事业有利，于自己也不吃亏。爱讲假话的人，一害人民，二害自己，总是吃亏。……干劲一定要有，假话一定不可讲。"[2]

邓小平也反复强调："要敢说真话，反对说假话，不务虚名，多做实事"。

胡锦涛不仅要求全党同志要讲真话，讲实话，以诚实守信为荣，他自己更是喜欢听真话，听实话。2006年5月12日上午，胡锦涛来到西双版纳州景洪市基诺山乡札吕村，看望这里的基诺族群众。他在跟村里的乡亲们座谈时，诚恳地说："希望听到大家的心里话……"群众的心里话，就是真话，就是实话。

2012年5月16日，中央党校春季学期第二批入学学员举行开学典礼。在开学典礼上，时任中央党校校长的习近平发表了重要讲话。他在这一重要讲话中强调领导干部要敢于讲真话。他说："讲真话是一个领导干部真理在身、正义在手和有公心、有正气的重要体现。"

第二，干实事、求实效是党的一贯作风。100年来，中国共产党始终践行着初心和使命，为中国人民谋幸福，为中华民族谋复兴，为老百姓干实事，求实效。1934年1月21至2月1日，第二次全国苏

---

[1] 毛泽东：《在中国共产党第七次全国代表大会上的口头政治报告》(1945年4月24日)，《毛泽东文集》第3卷，北京：人民出版社，1996年8月第1版，第349页。
[2] 毛泽东：《党内通信》(1959年4月29日)，《毛泽东文集》第8卷，北京：人民出版社，1999年6月第1版，第50页。

维埃代表大会瑞在金沙洲坝召开。1月27日,毛泽东在会上发表了题为"关心群众生活,注意工作方法"的重要讲话,他在讲话中指出:"如果我们单单动员人民进行战争,一点别的工作也不做,能不能达到战胜敌人的目的呢?当然不能。我们要胜利,一定还要做很多的工作。领导农民的土地斗争,分土地给农民;提高农民的劳动热情,增加农业生产;保障工人的利益;建立合作社;发展对外贸易;解决群众的穿衣问题,吃饭问题,住房问题,柴米油盐问题,疾病卫生问题,婚姻问题。总之,一切群众的实际生活问题,都是我们应当注意的问题。假如我们对这些问题注意了,解决了,满足了群众的需要,我们就真正成了群众生活的组织者,群众就会真正围绕在我们的周围,热烈地拥护我们。"[1]

毛泽东在讲话中还郑重地提出:"我们应该深刻地注意群众生活的问题,从土地、劳动问题,到柴米油盐问题。妇女群众要学习犁耙,找什么人去教她们呢?小孩子要求读书,小学办起了没有呢?对面的木桥太小会跌倒行人,要不要修理一下呢?许多人生疮害病,想个什么办法呢?一切这些群众生活上的问题,都应该把它提到自己的议事日程上。应该讨论,应该决定,应该实行,应该检查。要使广大群众认识我们是代表他们的利益的,是和他们呼吸相通的。"[2]

苏区党和苏维埃工作人员以及广大的红军指战员积极按照毛泽东

---

[1] 毛泽东:《关心群众生活,注意工作方法》(1934年1月27日),《毛泽东选集》第1卷,北京:人民出版社1991年版,第136—137页。
[2] 毛泽东:《关心群众生活,注意工作方法》(1934年1月27日),《毛泽东选集》第1卷,北京:人民出版社1991年版,第138页。

第二章　注重实际　实事求是

★ 在兴国县长冈乡调查纪念馆，长冈乡的孩子们在聆听讲解员讲述毛主席1933年在长冈乡进行社会调查的故事。（新华社记者　张国俊　摄）

的要求去做。比如，江西长冈乡有一个贫苦农民被火烧掉了一间半房子，乡政府就发动群众捐钱帮助他。有三个人没有饭吃，乡政府和互济会就马上捐米救济他们。

正因为中国共产党能够诚心实意地为人民群众谋取利益，干实事，求实效，赢得了人民群众的支持。比如"长冈乡青年壮年男子百个人中有八十个当红军去了"，长冈乡的群众说："共产党真正好，什么事情都替我们想到了。"

党在延安时期，也是始终把人民群众的物质利益放在首位，为人民群众谋利益。在党的领导下，边区政府制定了一系列的休养民力、发展经济、改善民生的方针政策。比如,通过卫生防疫和义务教育,老百姓实现了看病和孩子上学不出钱的愿望。党还采取了减粮减税、精兵简政、厉行节约、开展大生产运动等措施,来减轻群众负担,维护群众的利益。这一系列的措施,让人民群众得到了实惠,党也因此获得了群众的支持和拥护。

这是中国共产党在革命和局部执政时期的做法。新中国成立之后,中国共产党牢记初心使命,依然把人民群众对美好生活的向往作为奋斗目标。

尤其是改革开放以来,中国共产党"全面推进幼有所育、学有所教、劳有所得、病有所医、老有所养、住有所居、弱有所扶,不断改善人民生活、增进人民福祉。全国居民人均可支配收入由171元增加到2.6万元,中等收入群体持续扩大。我国贫困人口累计减少7.4亿人,贫困发生率下降94.4个百分点,谱写了人类反贫困史上的辉煌篇章。教育事业全面发展,九年义务教育巩固率达93.8%。我国建成了包括养老、医疗、低保、住房在内的世界最大的社会保障体系,基本养老保险覆盖超过9亿人,医疗保险覆盖超过13亿人。常住人口城镇化率达到58.52%,上升40.6个百分点。居民预期寿命由1981年的67.8岁提高到2017年的76.7岁。"[1]

2021年3月1日,习近平总书记在中央党校(国家行政学院)中青年干部培训班开班式上发表重要讲话,要求年轻干部"要把做老实人、

---

[1] 习近平:《在庆祝改革开放40周年大会上的讲话》,新华网2018年12月18日。

说老实话、干老实事作为人生信条,这样才能真正立得稳、行得远。"[1]

第三,做讲真话、讲实话、干实事、求实效的表率。1962年2月2日,周恩来总理在中共中央扩大的工作会议福建组会上的讲话中指出:"要大家讲真话,首先要领导上喜欢听真话,反对说假话。"

领导喜欢听真话、听实话,大家才能讲真话、讲实话;领导带头干实事、求实效,大家才能不搞形式主义,不弄虚作假。

春秋时,齐桓公喜欢穿紫色的衣服,全国的人都为之风靡。结果导致了紫布价格的上涨,五匹白布竟然换不到一匹紫布。

桓公见社会风气与物价已有不正常的波动,就对管仲说:"我喜欢穿紫色衣服,如今紫布变得特别的昂贵,可是,全国的老百姓却不愿意改变这种风气,你看,我应该怎么办?"

管仲说,您为什么不试着不穿紫色衣服,并对身边的人讲,我近来非常讨厌紫衣的味道。如果刚好有人穿着紫衣来晋见,您一定要说,稍微往后退一点,我讨厌紫衣服的难闻气味。

齐桓公接受了管仲的建议。当天,宫中的侍从就没有一个穿紫色衣服的;第二天,都城之内的人没有人穿紫色衣服;第三天,全国境内也没有穿紫色衣服的了。

新时代的年轻干部做讲真话、讲实话、干实事、求实效的表率,以身作则。人民群众对领导干部总是要听其言、观其行的。

---

[1]《习近平在中央党校(国家行政学院)中青年干部培训班开班式上发表重要讲话强调:立志做党光荣传统和优良作风的忠实传人 在新时代新征程中奋勇争先建功立业》,《人民日报》,2021年3月2日,第1版。

三、坚持实事求是最需要解决的是党性问题

习近平总书记指出:"坚持从实际出发、实事求是,不只是思想方法问题,也是党性强不强问题。从当前干部队伍实际看,坚持实事求是最需要解决的是党性问题……年轻干部要坚持以党性立身做事,把说老实话、办老实事、做老实人作为党性修养和锻炼的重要内容,敢于坚持真理,善于独立思考,坚持求真务实。"[1]

习近平总书记的这段话深刻地说明了党性对坚持实事求是的重要作用,强调了怎样坚持以党性立身做事。

(一)坚持以党性立身做事

新时代的年轻干部坚持以党性立身做事,就要坚持党性原则。党性原则,是指共产党员在党的实际活动中坚持党性必须坚守的原则,这些原则构成了全体党员的基本行为规范。

党性原则是衡量评价共产党员党性强弱的标准尺度。换一句话讲,我们评价一位党员党性强还是弱,怎么评价?评价是需要标准的。这个标准就是党性原则。

任弼时同志曾经说过:"党性是以党员的思想意识、政治观点、言论行动来作标志,来测量的。"[2]

---

[1] 习近平在中央党校(国家行政学院)中青年干部培训班开班式上发表重要讲话,新华网2021年9月1日。
[2] 任弼时:《关于增强党性问题的报告大纲》(1941年10月—12月),《任弼时选集》,人民出版社1987年版,第231页。

第二章 注重实际 实事求是

衡量一位党的年轻干部是否讲党性，可以从不同的角度进行考量，但至少表现在以下几个方面。这几个方面就是我们常讲的党性原则：

第一，坚持以马克思主义为行动指南。马克思主义是中国共产党的信仰。《中国共产党章程》明确规定："中国共产党以马克思列宁主义、毛泽东思想、邓小平理论、"三个代表"重要思想、科学发展观、习近平新时代中国特色社会主义思想作为自己的行动指南。"

党的年轻干部坚持以马克思主义为行动指南，就是要保证自身的信仰跟党的信仰相一致，并为自身的行动确立行动指南，以保持政治方向、政治立场、政治目标的正确。

第二，为实现共产主义远大目标而奋斗终身。共产主义是中国共产党的奋斗目标。"党的最高理想和最终目标是实现共产主义。"这是《中国共产党章程》中的表述。党的年轻干部的奋斗目标必须跟党的奋斗目标相一致。

第三，把全心全意为人民服务作为根本宗旨。党的根本宗旨是全心全意为人民服务。党的宗旨，是指一个政党存在的根本目的和意图。《中国共产党章程》对共产党员提出的要求是："中国共产党党员必须全心全意为人民服务，不惜牺牲个人的一切，为实现共产主义奋斗终身。"党的年轻干部作为党组织中的一员，自然需要把全心全意为人民服务作为其根本宗旨。作为党的年轻干部存在的根本目的和意图，就是要把人民的利益放在高于一切的位置上，任何时候，任何情况下都应当首先想到人民群众的整体利益。这是党性原则的集中体现。

第四，自觉遵守党的纪律。《中国共产党章程》要求党的年轻干部，要"自觉遵守党的纪律，首先是党的政治纪律和政治规矩，模范

真正深入基层　　　　　　　新华社发　程硕　作

遵守国家的法律法规，严格保守党和国家的秘密，执行党的决定，服从组织分配，积极完成党的任务"。

这是党的年轻干部党性修养的一项重要内容。纪律严明是全党统一意志、统一行动、步调一致前进的重要保障，是党内政治生活的重要内容。

第五，始终同人民群众保持密切联系。密切联系群众，是党的优良传统和作风。人民群众是党的力量源泉。党来自人民，如果失去人民群众的拥护和支持，党就会失去根基。因此，党的年轻干部必须始终坚持同人民群众保持密切联系，永远不脱离群众。这也是加强和规范党内政治生活的根本要求。

第六，勇于开展批评和自我批评，坚持真理，修正错误。"切实开展批评和自我批评，勇于揭露和纠正违反党的原则的言行和工作中的缺点、错误，坚决同消极腐败现象作斗争。"这是《中国共产党章程》规定的共产党员的八项义务之一。2016年10月27日，中国共产党第十八届中央委员会第六次全体会议通过的《关于新形势下党内政治生活的若干准则》规定："批评和自我批评是我们党强身治病、保持肌体健康的锐利武器，也是加强和规范党内政治生活的重要手段。必须坚持不懈把批评和自我批评这个武器用好。"

总之，中国共产党的根本属性、根本宗旨、理想信仰，等等，不是通过空泛的概念来体现的，她需要通过每一位党员的内化和外化来体现。内化，就是要真心认同、牢记；外化，就是在行动中按照这些党性原则的要求去做。

（二）敢于坚持真理

亚里士多德是柏拉图的学生。亚里士多德从17岁开始入师门，跟随柏拉图长达20年之久。

亚里士多德对柏拉图很是崇敬。他虽然崇敬老师，但他更热爱真理。因此，他勇敢地批评老师的错误和缺点。

为此，他受到一些人的指责。面对指责，亚里士多德回答："吾爱吾师，吾更爱真理！"

这是对真理的热爱，这是对真理的坚持。新时代的年轻干部就是要有这种热爱马克思主义真理、坚持马克思主义真理的气节，不向谬误低头，不向错误社会思潮妥协。

曾任武汉大学校长的李达（1890年10月2日—1966年8月24日）

★ 做可堪大用能担重任的年轻干部 ★

★ 图为李达在为哲学系编写《马克思主义哲学大纲》讲义。（新华社记者于澄建 摄）

就是一位敢于坚持真理，捍卫真理的共产党人。

李达是党的"一大"代表，在党的"一大"会议上，他当选为中央局成员，分管宣传工作。

党的"一大"后不久，即1921年9月，他创建和主持了党的第一个出版机构——人民出版社，出版马克思主义著作和革命书籍；党的"二大"之后，他应毛泽东的邀请赴长沙担任湖南自修大学校长。这是一所传播马克思主义、培养革命干部的新型学校，何叔衡、李维汉、夏明翰等一大批党的干部都曾经在这里学习过。

李达早年留学日本，1920年8月，他从日本"回国寻找同志"。在回国前，他就开始向国内传播马克思主义，在上海《民国日报》副刊《觉悟》上发表多篇宣传社会主义思想的文章，并翻译了马克思《资本论》。他从日本回国后，立即投入到与各种反马克思主义思潮的论战之中，"先后发表系列文章批判研究系代表人物梁启超和张东荪的假社会主义、无政府主义、第二国际修正主义、第四国际'左'倾思潮，以及号称'中国社会主义研究第一人'的江亢虎对社会主义的歪曲，论证了在中国实行无产阶级专政和社会主义的必要性，为中国共产党的建党奠定了重要理论基础。"[1]

"讲马克思主义就要敢于坚持真理，修正错误，言行一致，决不能墙头一棵草，风吹两边倒。"这是李达的座右铭。"1966年初，林彪等人鼓吹的毛泽东思想'顶峰论'甚嚣尘上。当时，李达正在根据毛泽东的嘱托主编《马克思主义哲学大纲》。他对助手们说：'什

---

[1] 汪信砚：《理论界的鲁迅李达》，《光明日报》2017年09月11日16版。

么顶峰？马克思主义、毛泽东思想不要发展了？我们不要写这个！'有人提醒他这是林彪说的。李达听后更火了，激动地说：'马列主义是发展的，毛泽东思想是发展的，怎么能有顶峰呢？这个说法不科学，不管谁说的都一样。'李达为坚持真理奋斗到了最后一息。"[1]

（三）善于独立思考

关于"独立思考"的重要性，德国著名哲学家亚瑟·叔本华说得很清楚。他说："一种纯粹靠读书学来的真理，与我们的关系，就像假肢、假牙、蜡鼻子甚或人工植皮。而由独立思考获得的真理就如我们天生的四肢：只有它们才属于我们。"

独立思考，才能克服教条主义和拿来主义，思想才不能僵化。邓小平同志曾经说过，一个政党，一个国家，一个民族，如果一切从本本出发，思想僵化，迷信盛行，那它就不能前进，它的生机就停止了，就要亡党亡国。所以，毛泽东同志形象地要求："教条主义必须休息，而代之以新鲜活泼的、为中国老百姓所喜闻乐见的中国作风和中国气派。"

新时代的年轻干部要善于独立思考，必须培养置疑意识。"学起于思，思源于疑"。只有疑问，才能激发探究的欲望。西方哲学史曾经记载过这样一则故事：

一天，罗素问大哲学家穆尔："谁是你最好的学生？"穆尔毫不犹豫地回答："维特根斯坦。""为什么？""因为，在我所有的学

---

[1] 汪信砚：《理论界的鲁迅李达》，《光明日报》2017年09月11日16版。

生当中，只有他一个人在听课时总是流露出迷茫的神色，老是有一大堆问题问我。"

后来，维特根斯坦的名气超过了罗素。于是，有人问维特根斯坦："罗素为什么落伍了？"维特根斯坦回答道："因为他没有问题了。"

缺乏质疑意识，是不能独立思考的一个重要原因。能独立思考的人，对任何问题、任何事物都能问一个"为什么"，并能很快地进入到思考的状态，即有强烈的质疑意识。他们爱提出疑问，并且努力地探求原因，寻求答案。相反，不善于独立思考的人，对任何问题、任何事物都视而不见，熟视无睹，充耳不闻，无动于衷，即缺乏问题意识。

古人认为："大疑则大悟，小疑则小悟，不疑则不悟。"不善于质疑，只是一味地相信，"凡是书本上写的便是正确的，凡是前人说的便是真理，迷信书本，崇拜前人，不敢越雷池一步"，这样的人，自然不会有什么独到的见解。

（四）坚持求真务实

求真务实，是我党的优良传统和工作作风。新时代的年轻干部坚持实事求是，必须牢记弘扬这种优良传统，坚持这种工作作风。

"求真"，就是了解真实情况，探寻出事物发展变化的客观规律；"务实"，就是要以实事求是的态度，提出符合实际的解决矛盾和问题的办法。

第一，坚决反对形式主义，力戒为形式而形式。唯物辩证法告诉我们，内容与形式是辩证的统一。人们做任何事情，都要有一定的形式。

但形式只能为内容服务,而不能置内容于不顾,为形式而形式。如果不管内容,只讲形式,那就是形式主义。所谓"形式主义",就是处处只讲究表面的形式,不讲究事情的实际,不讲实际内容、实际效果和实际意义。这种形式主义,只有哗众取宠之心,没有实事求是之意。

第二,坚决遏止官僚主义,把它扔到粪缸里去。官僚主义是个老话题。马克思主义经典作家对此都有过揭露和批判。

列宁曾经大声地疾呼,共产党员成了官僚主义者。如果有什么东西会把我们毁掉的话,那就是这个。他对官僚主义者的处理也绝不手软。

一次,几个农民为申诉地方政府非法征用他们的马匹,写了两封请愿书给人民委员会总务处。总务处把请愿书交给野总司令部动员委员会审查,动员委员会把信转给首都事务特别委员会,特别委员会又把请愿书退回人民委员会。并在信封上写道:"工作太忙,根本没有功夫来管这些琐事。"

这两封请愿书在三个机关转了三个星期,什么问题也没有解决。列宁知道这件事情之后,非常气愤,当即给国家监察部负责人写了一张便条,建议"把写这个批语的官僚逮捕起来。"

毛泽东1933年8月在《必须注意经济工作》的报告中,提出"要把官僚主义这个极坏的家伙抛到粪缸里去"。

1963年5月29日,周恩来专门撰写《反对官僚主义》一文,文中列举了官僚主义的20种表现,认为它"是领导机关最容易犯的一种政治病症"。

1980年,邓小平在《党和国家领导制度的改革》的讲话中指出,"官僚主义现象是我们党和国家政治生活中广泛存在的一个大问题",

第二章 注重实际 实事求是

整治　　　　　　新华社发　朱慧卿 作

他还列举了官僚主义24种的主要表现和危害，认为"已达到令人无法容忍的地步"。

党的十八大之后，我们党开展了以反对形式主义、官僚主义、享乐主义、奢靡之风为主要内容的党的群众路线教育实践活动，官僚主义的问题得到了一定程度的解决，但并没有得到完全的遏制，还必须继续加以遏制解决。

第三，坚决反对主观主义，坚持以客观实际为准绳。所谓主观主义，就是不注重调查研究，盲目蛮干，凭主观意志办事，脱离客观实际。我们党向来反对主观主义。毛泽东就反复强调过要反对盲目蛮干，凭主观意志办事的主观主义思想作风。他指出："……反科学的反马克思列宁主义的主观主义的方法，是共产党的大敌，是工人阶级的大敌，是人民的大敌，是民族的大敌，是党性不纯的一种表现。大敌当前，我们有打倒它的必要。只有打倒了主观主义，马克思列宁主义的真理才会抬头，党性才会巩固，革命才会胜利。"[1]

坚决反对主观主义，就要搞好调查研究，必须一切从实际情况出发，坚持实事求是的原则，树立求真务实的作风。一切结论应该产生在调查研究之后，而不是事先定好调子。调查研究一定要做到不唯书、不唯上、只唯实，坚持以客观实际为准绳。

第四，坚决反对弄虚作假，实事求是做好工作。弄虚作假是要花招欺骗人，这是严重违背实事求是精神的，是对实事求是的反动。新时代的年轻干部要实事求是做好工作，必须坚决反对弄虚作假。

弄虚作假是一种不诚信的表现。要知道，"人无诚信不立，家无诚信不和，业无诚信不兴，国无诚信不宁"。"君臣不信，则百姓诽谤，社稷不宁；处官不信，则少不畏长，贵贱相轻；赏罚不信，则民易犯法，不可使令……其唯信乎！信而又信，重袭于身，乃通于天。以此治人，则膏雨甘露降矣。"这是《吕氏春秋》中的一段话。

这段话论述的是诚信在治国理政中的作用：君臣不讲诚信，百姓就会批评指责，国家就不安宁；为官不讲诚信，年轻的就不会敬畏年长的，地位尊贵的和地位卑微的就会相互轻视；赏罚不讲诚信，百姓

---

[1] 毛泽东：《改造我们的学习》（1941年5月19日）《毛泽东选集》第3卷，人民出版社，1991年6月第2版，第800页。

第二章 注重实际 实事求是

就会轻易地犯法，不可以使他们听从……只有诚信，诚信了再诚信，诚信重叠于身，才能与天意相通。靠诚信来治国理政，管理百姓，一切就能顺利畅达。这段话真可谓是真知灼见。

诚信，是治国理政的法宝。著名史学家司马迁明确指出："夫信者，人君之大宝也。国保于民，民保于信，非信无以使民，非民无以守国。是故古之王者不欺四海，霸者不欺四邻，善为国者不欺其民，善为家者不欺其亲。不善者反之。欺其邻国，欺其百姓，甚者欺其兄弟，欺其父子。上不信下，下不信上，上下离心，以致于败。所利不能药其所伤，所获不能补其所亡，岂不哀哉！"[1]

在司马迁看来，"信"是治理国家、管理社会的法宝。要想保住国家的政权，必须取信于民。如果国与国之间、上与下之间、家庭亲属之间都相互欺骗，互不信任，就会分崩离析。国家之间就要爆发战争，国家政权就不会稳固，家道就会衰落。即使是用欺骗带来些许好处，也不能医治因欺骗所带来的创伤，也不能弥补因欺骗所遭受的损失。

事实证明，诚信的确是治国理政的法宝。有了这一法宝，才能外敌不敢欺，内寇不敢骗，国家安宁，百姓团结。正因为如此，有识之士，都非常注重诚信治国理政。

一天，子贡问他的老师孔子，如何治国理政？孔子告诉他："粮食充足，军备充足，老百姓对执政者的信任。"

子贡接着问："如果不得已要去掉一项，那么，在这三项之中要先去掉哪一项呢？"孔子回答说："去掉军备。"

---

[1] 司马迁：《资治通鉴·卷二》中华书局1987年4月版，第48—49页。

子贡又问:"如果不得已再去掉一项,那么,这两项之中去掉哪一项呢?"孔子告诉他:"去掉粮食。因为自古以来人总是要死的。但是,如果老百姓对执政者不能信任,那么,国家将不存在了。"

这个故事记载在《论语·颜渊篇第十二》中。由孔子的回答不难看出,孔子认为,治国理政,有三个最起码的条件:一是军备;二是粮食;三是百姓对执政者的信任。而在这三个最起码的条件之中,老百姓对执政者的信任至关重要。

圣人就是圣人,一说话就能说到问题的关键处。这段话其实与"水能载舟,亦能覆舟",有着异曲同工之效。

第三章

勇于担当　善于作为

做可堪大用能担重任的年轻干部

干事担事，是干部的职责所在，也是价值所在。党把干部放在各个岗位上是要大家担当干事，而不是做官享福。改革发展稳定工作那么多，要做好工作都要担当作为。担当和作为是一体的，不作为就是不担当，有作为就要有担当。做事总是有风险的。正因为有风险，才需要担当。凡是有利于党和人民的事，我们就要事不避难、义不逃责，大胆地干、坚决地干。

第三章 勇于担当 善于作为

担当,是承担、担负任务责任;作为,是做出成绩。"担当和作为是一体的,不作为就是不担当,有作为就要有担当。"[1]习近平总书记的这段话明确地说明了担当和作为这两者之间的关系。新时代的年轻干部是党和国家事业发展的生力军,肩负着实现中华民族伟大复兴的重任,必须勇于担当,善于作为。

一、干事担事,是年轻干部的职责所在

习近平总书记指出:"干事担事,是干部的职责所在,也是价值所在。党把干部放在各个岗位上是要大家担当干事,而不是做官享福。改革发展稳定工作那么多,要做好工作都要担当作为。"[2]

(一)担当是年轻干部必备的基本素质

党的十八大以来,习近平总书记在一系列重要讲话中多次强调:"责任担当是领导干部必备的基本素质。"这是对新时代年轻干部的素质提出了明确而具体的要求。

第一,担当是优良的政治品质。所谓政治品质,是一个人在政治上的品行操守。年轻干部作为党和政府的执政骨干,必须具有优良的政治品质。有了优良的政治品质,才能在大是大非问题上明辨是非、

---

[1] 习近平在中央党校(国家行政学院)中青年干部培训班开班式上发表重要讲话,新华网 2021 年 9 月 1 日。
[2] 习近平在中央党校(国家行政学院)中青年干部培训班开班式上发表重要讲话,新华网 2021 年 9 月 1 日。

立场坚定，才能在错综复杂的矛盾和形势面前坚持原则，旗帜鲜明。

年轻干部优良的政治品质由诸多要素综合而形成，而担当，则是一个关键而核心的要素。

年轻干部有担当，才能不辱历史使命。每种职业、每个人都有特定的、不可替代的历史使命。作为新时代党的年轻干部，其历史使命，就是要肩负起对民族的责任、对人民的责任、对党的责任，实现中华民族伟大复兴。年轻干部要履行这种历史使命，其担当精神须臾不可或缺。

年轻干部有担当，才能不违党的宗旨。党的宗旨是全心全意为人民服务。全心全意为人民服务不是一句口号，而是需要实实在在的行动。这种实实在在的行动，就体现在年轻干部的担当上。

年轻干部有担当，就会"权为民所用，利为民所谋，情为民所系"。

年轻干部有担当，就会为人民群众排忧解难，即使是为群众赴汤蹈火也会在所不辞。柴生芳就是一个有担当的党的优秀年轻干部。

柴生芳（1969年7月—2014年8月15日）毕业于北京大学，并在日本留学取得博士学位。随后，他怀揣报效祖国的赤子之心，选择到"苦瘠甲天下"的甘肃省定西市工作。

从2006年起，柴生芳先后在定西市的陇西、安定、临洮任职。不管职务如何变，不变的是他那为民富民的理想和追求，是他那敢于担当的精神，他全身心地投入到贫困地区扶贫攻坚的主战场。

为了推进党的扶贫政策的落实，他在临洮县，带领干部赴乡镇深度调研，车能去的地方车去，车到不了的地方步行。柴生芳几乎跑遍了临洮县323个村，行程达4万多公里。在全面摸清了乡镇、村、社、农户实情的基础上,柴生芳指导县扶贫办统一制作农户基本情况检索系统和扶贫重点人口档案信息平台,识别重点扶贫人口11.21万人,将全县144个贫困村分为产业示范村、潜力村,"对症下药"为323个行政村确定了主导优势产业,形成了"一乡一业,一村一品"的精准扶贫全新路线图,为制定精准扶贫战略规划打下了坚实的基础。

2014年8月15日凌晨,时任临洮县县长的柴生芳,因为连续加班开会诱发心源性猝死,年仅45岁。

事业未竟,柴生芳带着遗憾离开了临洮县,离开了爱他的人们。他以最朴素的方式诠释了一个年轻干部怎样担当作为。

年轻干部有担当,才能永葆其先进性和纯洁性。习近平总书记指出:"是否具有担当精神,是否能够忠诚履责、尽心尽责、勇于担责,是检验每一个领导干部身上是否真正体现了共产党人先进性和纯洁性的重要方面。"

先进性和纯洁性是无产阶级政党始终如一的价值追求和行为准则。保持党的先进性和纯洁性,是中国共产党建设的永恒主题。党的先进性和纯洁性需要党的年轻干部的先进性和纯洁性来体现。

第二,担当是崇高的精神境界。境界,是指人在某件事物上所处的水平。人生在世,为人、做事、做官,都有一个境界的问题,而且境界还有高有低。

就做事来讲,年轻干部在领导岗位上做事有四种境界:第一种是尽力;第二种是尽心;第三种是尽情;第四种是尽责。

"尽责",就是做好职责范围内应该做的事情,担当起自身应该担当的责任,担当是年轻干部在领导岗位上做事的一种最高境界。为

★ 做可堪大用能担重任的年轻干部 ★

★ 在群众路线教育实践活动中，柴生芳（左）在辛店镇苟家山村入户听取意见，开展大走访活动（资料照片）。（新华社发）

什么说担当是年轻干部在领导岗位上做事的一种最高境界？

担当，就是要履行职责。每一个领导岗位都有每一个领导岗位的职责。年轻干部在领导岗位上工作，必须履行好其职责。一个年轻干部如果不能履行好其职责，即使他尽力、尽心、尽情了，也不能说他是一个合格的年轻干部。作为一个合格的年轻干部，他在对岗位职责尽力、尽心、尽情的同时，还要把工作职责履行好，而且这是最重要的。

担当，就是要完成使命。现实的社会工作中，每个人都要扮演着不同的角色，不同的角色有不同的责任担当。作为医生，有"救死扶伤"的责任；作为教师，有"传道授业"的责任。每个人扮演的角色不同，所承担的责任也就不同，而饰演各种角色的最大成功，就是责任担当，完成使命。

习近平总书记在中央党校2010年秋季学期开学典礼上的讲话中指出："权力的行使与责任的担当紧密相连，有权必有责。看一个领导干部，很重要的是看有没有责任感，有没有担当精神。"

有一位资深的领导干部说过："所谓的领导，就是在行使权力的同时，承担起更大的责任。在风险和危机来临时，有勇气站出来，单独扛起压力。"

担当，就是要履行契约。工作岗位职责，其实就是契约条款。年轻干部有担当，才能不畏任何艰难困苦去履行职责。面对艰巨的工作任务，他能义无反顾、积极主动地承担；面对工作中遭遇到的挫折困境，他能不气馁，不退缩，以大无畏的勇气去努力克服。

一个能够履行职责、完成使命、履行契约的年轻干部，才是达到了工作的最高的境界。

第三，担当是最强大的影响力。俗话讲："喊破嗓子，不如干出样子"。明朝学者陈继儒认为，看一个人，主要就是从四个方面看："大事难事看担当，逆境顺境看襟度，临喜临怒看涵养，群行群止看识见。"

美国著名政治家本杰明·富兰克林说："一个良好的示范，才是最佳的训词。"

习近平总书记讲："人民群众是最实在的，他们不但要听你说得如何，更要看你做得如何。不光要听'唱功'，而且要看'做功'。"[1]

古今中外学者、领导人物所讲的话语形式虽然不同，但核心内容是相同的，这就是，有担当的领导干部会产生巨大的影响力，从而去影响、领导人们去实现领导目标。

担当，体现的是责任心。人民群众对具有责任心的年轻干部会报以天然的信任感。因为他们相信，一个有责任心的年轻干部，遇到事情不会推诿，碰到问题不会搪塞，面对困难不会退缩。他们会在其位，谋其政，履行好自身的职责。

担当，展现的是诚信力。诚信，是高尚的人格力量。年轻干部的诚信力，可以通过担当展现出来。一个有担当的年轻干部，说话算数，承诺兑现。履行诺言就是他的责任。即使在履行诺言的过程中困难重重，挫折不断，他也会义无反顾地去兑现承诺。这样的年轻干部，人民群众愿意追随其后。

---

[1] 转引自习近平在福州工作期间倡导践行"马上就办"纪实(4)，中国网 2015-03-11。

（二）担当是年轻干部事业辉煌的基石

人们常用"事业辉煌"来相互祝福。如何才能事业辉煌？我不否认事业辉煌需要机遇，需要资本，甚至需要伯乐的相助。但同时我也认为，事业辉煌最重要的机遇、最重要的资本、最重要的伯乐，就是担当。正如习近平总书记所言："干部就要有担当，有多大担当才能干多大事业，尽多大责任才会有多大成就。"

第一，担当与辉煌事业是成正比的。一个人要成就辉煌的事业，年龄不一定是问题，背景不一定是问题，资本也不一定是问题，问题是他能否勇于担当。

如果说人生事业的舞台是一个圆的话，那么，"担当"就是这个圆的半径。换一句话来讲，是否有担当决定着一个人事业舞台的大小，决定着一个人事业舞台的宽窄。年轻干部要想铸造强大、宽广的事业舞台，就不能缺少"担当"这个半径。

第二，担当是不竭动力的源泉。年轻干部要成就辉煌的事业，需要有不竭的动力和活力。一个人在一个地区或一个岗位上工作时间较长，或者达到一定的年龄，没有得到提拔重用，容易工作倦怠；一个人无法应对外界超出个人能力和资源的过度要求，在压力的重压下，容易工作倦怠。年轻干部如果工作倦怠，就会对工作失去应有的热情。工作如果没有了热情，就鼓不起工作的干劲。没有工作的干劲自然做不好工作，更不用说成就辉煌的事业了。

如何克服工作倦怠，为工作注入动力、活力？担当就是其动力、活力的源泉。只要这种源泉在，你的身上就会有使不完的劲，就会有永不衰竭的工作热情，你对工作也就不会产生倦怠的情绪。即使是面

★ 做可堪大用能担重任的年轻干部 ★

对工作的重压，你也会以饱满的工作激情来变压力为动力，用动力战胜压力，把繁重的工作做好，继而成就辉煌的事业。

（三）担当是年轻干部做好工作的保证

工作态度决定工作行为，工作行为决定工作效果。积极的工作态度，能引发积极的工作行为，取得良好的工作绩效。相反，消极的工作态度，会导致消极的工作行为，从而影响工作绩效。

清朝的时候，有一年，江苏省泰兴县发生了蝗灾。县太爷不愿意承担责任，就报告他的顶头上司："本县过去从来没有发生过蝗灾，蝗虫是从我们的邻县如皋飞来的。"随后，他又写了一封公函给如皋县的县令，让如皋县令派人来捕捉蝗虫。

如皋县令见了公函，则大笔一挥回应道："蝗虫本是天灾，并非县官无才；即从我县飞去，还请贵县押来。"

不言而喻，这两位县官哪一个的工作态度都不积极。消极的工作态度，导致的是相互推诿的工作行为，相互推诿的工作行为，造成了蝗虫继续泛滥成灾的结果。

年轻干部要做好领导工作，取得良好的工作绩效，不仅取决于他的工作能力，也取决于他的工作态度。而担当，就是一种积极主动的工作态度。这种积极主动的工作态度有助于各种工作任务的有效完成，从而取得良好的工作绩效。

第一，年轻干部有担当，就会认真踏实地做好自身所肩负的各项工作，不偷懒，不耍滑头。即使自身所肩负的工作并不能给自己带来现实的利益，他也会兢兢业业地把它做好，做到位。

第二，年轻干部有担当，就会"以苟活为羞，以避事为耻"。他会积极主动地去承担组织上部署的工作任务，尽心竭力地去完成组织上所安排的各种任务。哪怕这些任务异常艰巨困难，他也能迎着困难上，不苟活、不避事，而这些，正是积极的工作态度所具有的要素与要求。

四川省甘孜藏族自治州公路管理局石渠分局原副局长陈德华就是一位勇于担当，善于作为的领导干部。

陈德华是四川德格人。1983年参加工作，1988年，他担任了雀儿山五道班第十六任班长。

雀儿山，在甘孜藏族自治州德格县境内，主峰海拔6168米，含氧量不到平原地区的一半，年平均气温零下18摄氏度，最低气温可达零下40摄氏度，每年冰冻期长达八九个月，6级以上的山风每年要刮5个月左右。养路工们说："雀儿山，大险关，风吹石头跑，四季不长草，一步三喘气，夏天穿棉袄。"

就是在这样险恶的环境中，陈德华一干就是20年。每天，他带领全班人在平均海拔5000米的公路上，早出晚归，艰苦工作，日复一日铺路清障。

陈德华在日记里写过这样一句话："应该把自己像钉子一样铆在人们最需要的岗位上。"他践行了这一诺言。

"每到冬天，雀儿山上白茫茫一片，道路被冰封雪锁，驾驶员们要过'生死线'、闯'鬼门关'。陈德华把保证车辆安全通行看作最神圣的职责，把个人安危抛在脑后，一旦出现险情，总是冲在最前面。他说：'自己付出越多，群众离危险就越远。'

★ 第三章 勇于担当 善于作为 ★

★ 四川省甘孜藏族自治州公路管理局雀儿山五道班班长陈德华（藏名扎西降措）（左一）和工友们在工地上吃饭。（新华社发 周宏摄）

"1995年，一场大雪覆盖了雀儿山，陈德华照例一大早起来推雪开路。然而，雪雾越来越浓，两米开外就是一片耀眼的白光，车开过来看不清路，随时都有倾覆的危险。陈德华纵身跳下推雪车，取过方钯，倒过来当拐杖，从容地走到第一辆汽车前，以自己的身躯当路标，喊声'跟过来'，便引导着汽车前进。

"雀儿山白雪皑皑，分不清天和地，看不清路和崖，陈德华每前进一步都十分危险。他头顶呼啸的寒风，脚踩齐膝深的冰雪，心无旁骛地向前走。雪片不断钻进脖子,他冷得浑身打颤,却没有退却。短短10公里路程,陈德华走了近4个小时。工友们多次要来替换他,他都坚决不同意。他说:'我是老班长,我最熟。我过不去的地方,你们更过不去!'铁打的汉子,冲在战斗的一线。等把汽车引导到山下安全路段时,陈德华的嘴唇和脸颊都冻成了深紫色,整个人几乎晕厥过去。"[1]

这是《中国交通报》记者杨红岩在题为《在"生命禁区"驻守20年,甘孜"雪山铁人"养路工——陈德华》一文中所描述的一段故事。这段故事是陈德华20年来在雀儿山恪尽职守,勇于担当的一个片段缩影。

"自己付出越多,群众离危险就越远。""我是老班长,我最熟。我过不去的地方,你们更过不去!"话不多,也很直白,但一个为人民群众勇挑重担、无惧风险的"雪山铁人"形象跃然纸上。

陈德华在"生命禁区"驻守20年的先进事迹,得到了党和人民的肯定。他先后被评为"全国优秀共产党员""全国劳动模范""全国交通战线劳动模范""四川省第五届十大杰出青年""全国交通系统十佳养路工"等。

陈德华为新时代的年轻干部树立了榜样。年轻干部应该向他学习,恪尽职守,勇于担当,善于作为。

---

[1] 杨红岩:《在"生命禁区"驻守20年,甘孜"雪山铁人"养路工——陈德华》,《中国交通报》2019年7月8日。

二、新时代年轻干部担当的基本要求

"改革发展稳定工作那么多,要做好工作都要担当作为。"[1]习近平总书记的这句话虽然字数不多,但这不多的字数却有着广泛的内涵。他明确了新时代年轻干部应该担当的责任外延。

不同的时代,党的年轻干部有着不同的担当。在中华民族迎来了从站起来、富起来到强起来的伟大飞跃,迎来了实现中华民族伟大复兴的新时代,年轻干部要强化什么样的担当呢?

(一)强化政治担当

党的年轻干部作为政治主体的重要组成部分,在政治生活领域承担着重要的责任。所谓领导干部要讲政治,就是对领导干部要承担政治生活领域的责任的另一种表达形式。

新时代的年轻干部政治担当的首要一点,就是要在思想上、政治上和行动上自觉地与党中央保持高度的一致。这样,才能确保党的理论和路线方针政策、党的重大决策部署的贯彻落实。

年轻干部在思想上、政治上和行动上自觉地与党中央保持高度的一致,就要做到以下几点:

第一,树立"四个意识"。"四个意识"是政治意识、大局意识、核心意识和看齐意识的简称。

政治意识,是能从政治的角度来看待问题、分析问题和处理问题。

---

[1] 习近平在中央党校(国家行政学院)中青年干部培训班开班式上发表重要讲话,新华网2021年9月1日。

年轻干部牢固树立政治意识，就是要坚定政治信仰，坚持政治原则，站稳政治立场，保持政治清醒和政治定力，增强政治敏锐性和政治鉴别力，严守党的政治纪律和政治规矩。

具体而言，就是年轻干部在研究制定政策时，牢牢把握政治方向；在谋划推进具体工作时，始终贯彻政治要求；在解决社会矛盾问题时，始终不忘注意政治影响。

大局意识，是善于从全局高度、用长远眼光来观察形势，分析问题。年轻干部牢固树立大局意识，就要自觉地从大局角度看问题，自觉地把工作放到大局中去思考、定位、谋划；就要在制定各方面的政策和进行决策部署时，站在党和国家大局上想问题、看问题，特别是要把自己所分管的工作同党中央重大决策部署衔接起来、统一起来，自觉服从大局。

当前年轻干部自觉服从大局，必须统筹推进"五位一体"总体布局，协调推进"四个全面"战略布局。

核心意识，是要求年轻干部要"坚决维护习近平总书记党中央的核心、全党的核心地位，坚决维护党中央权威和集中统一领导"。

1989年6月16日，邓小平同志在同中共中央几位负责同志谈话时指出："任何一个领导集体都要有一个核心，没有核心的领导是靠不住的……要有意识地维护一个核心。"邓小平的这段话明确地说明了增强核心意识的重要作用。

年轻干部牢固树立核心意识，就是要紧密地团结在以习近平同志为核心的党中央周围，做到在思想上认同核心、在政治上围绕核心、在组织上服从核心、在行动上维护核心。

看齐，是整队时，以指定人为标准排齐。1945 年，毛泽东同志在党的七大预备会议上说："要知道，一个队伍经常是不大整齐的，所以就要常常喊看齐，向左看齐，向右看齐，向中间看齐，我们要向中央基准看齐，向大会基准看齐。看齐是原则，有偏差是实际生活，有了偏差，就喊看齐。"

我党所提出的看齐意识，根据 2016 年 10 月 27 日中国共产党第十八届中央委员会第六次全体会议通过的《关于新形势下党内政治生活的若干准则》的规定，就是要求党的各级组织和全体党员向党中央看齐，向党的理论和路线方针政策看齐，向党中央决策部署看齐。

年轻干部要向党中央看齐是重大的政治原则问题，其根本就是要提高政治站位，在思想上政治上行动上同以习近平同志为总书记的党中央始终保持高度一致。

年轻干部向党的理论和路线方针政策看齐，就是要向马克思列宁主义、毛泽东思想、邓小平理论、"三个代表"重要思想、科学发展观、习近平新时代中国特色社会主义思想看齐，向党的基本路线、基本纲领、基本方针、基本政策看齐，向新时代党的组织路线看齐。

年轻干部向党中央决策部署看齐，在新时代，就是要向"五位一体"总体布局看齐，向"四个全面"战略布局看齐，向"五大发展"理念看齐，向实现中国特色社会主义现代化和中华民族伟大复兴目标看齐。

总而言之，看齐意识要求年轻干部做到"党中央提倡的坚决响应、党中央决定的坚决执行、党中央禁止的坚决不做"。

第二，做到"四个服从"。"四个服从"，即"党员个人服从党的组织，少数服从多数，下级组织服从上级组织，全党各个组织和全体党员服从党的全国代表大会和中央委员会。"四个服从"，最根本的就是全党服从中央。这就要求年轻干部从党性原则、党和人民利益的高度出发，在思想上政治上行动上同党中央保持高度一致，坚决服从党中央的统一领导，决不能有令不行，有禁不止，甚至搞独立王国。对党的决议、决定如有不同意见，可以声明保留，并且可以把自己的意见向党的上级组织直至中央提出，但在行动上要坚决执行。

第三，坚定"四个自信"。"四个自信"，即"中国特色社会主义道路自信、理论自信、制度自信、文化自信"。

2016年7月1日，在庆祝中国共产党成立95周年大会上习近平总书记明确提出，中国共产党人"坚持不忘初心、继续前进，就要坚持中国特色社会主义道路自信、理论自信、制度自信、文化自信"。

坚定道路自信。道路自信是对中国经济社会发展方向和未来命运的自信。年轻干部坚定道路自信，就是要坚定不移地走中国特色社会主义的道路。中国特色社会主义道路是党和人民在长期实践中开辟出来的正确道路，年轻干部必须跟随党中央坚定不移地走下去。

坚定理论自信。理论自信是对中国特色社会主义理论体系的自信，因为这一理论体系具有科学性、真理性、正确性和人民性。年轻干部在新时代坚定理论自信，就是要用习近平新时代中国特色社会主义思想武装头脑、指导实践。

坚定制度自信。制度自信，是对中国特色社会主义制度具有制度优势的自信。中国特色社会主义制度是科学的制度体系，是当代中国发展进步的根本制度保障，是实现中华民族伟大复兴的有力保

坚定文化自信，推动社会主义文化繁荣兴盛

10月18日上午，习近平在十九大报告中提出：

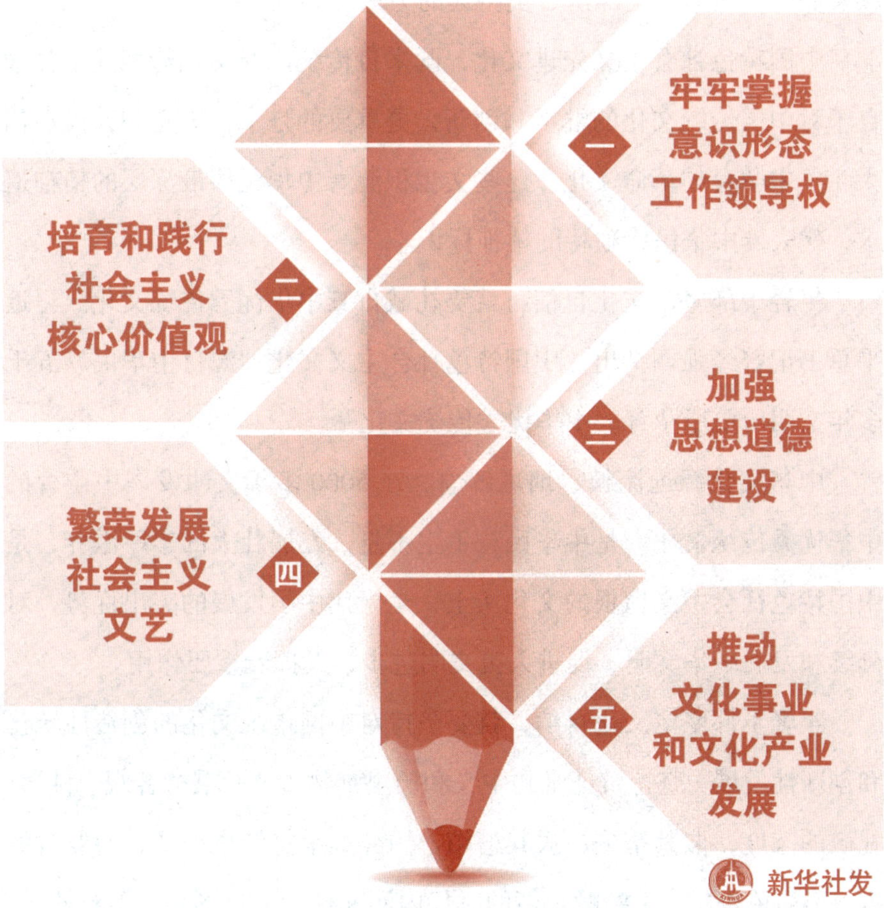

一、牢牢掌握意识形态工作领导权

二、培育和践行社会主义核心价值观

三、加强思想道德建设

四、繁荣发展社会主义文艺

五、推动文化事业和文化产业发展

新华社发

证，是具有鲜明中国特色、明显制度优势、强大自我完善能力的先进制度。年轻干部坚定制度自信，就要深刻认识中国特色社会主义制度的优越性。

坚定文化自信。文化自信是对中国特色社会主义先进文化的自信。习近平总书记在十九大报告中指出："文化自信是一个国家、一个民族发展中更基本、更深沉、更持久的力量。"

中国特色社会主义先进文化，既来自传统优秀文化的积淀，又来自于对中国传统文化的继承和创新，更重要的是来自于党和人民在伟大斗争中孕育的革命文化。这些文化积淀着中华民族最深层的精神追求，代表着中华民族独特的精神标识。

年轻干部坚定文化自信，就要礼敬自豪中华优秀传统文化。习近平总书记曾经强调指出，中国特色社会主义文化"源自中华民族五千多年文明历史所孕育的中华优秀传统文化"。

中华文化源远流长、灿烂辉煌。在 5000 多年文明发展中孕育的中华优秀传统文化，是中华民族生生不息、发展壮大的丰厚滋养，是中国特色社会主义植根的文化沃土，是当代中国发展的突出优势，对延续和发展中华文明、促进人类文明进步，发挥着重要作用。

年轻干部坚定文化自信，就要坚持对中国传统文化的创造性转化和创新性发展。坚持辩证唯物主义和历史唯物主义，秉持客观、科学、礼敬的态度，取其精华、去其糟粕，扬弃继承、转化创新，不复古泥古，不简单否定，不断赋予新的时代内涵和现代表达形式，不断补充、拓展、完善，使中华民族最基本的文化基因与当代文化相适应、与现代社会相协调。

年轻干部坚定文化自信,就要坚持和学习革命文化,如井冈山精神、长征精神、"延安精神""西柏坡精神"、雷锋精神、大庆精神、两弹一星精神,载人航天精神、北京奥运精神,等等。这是坚定文化自信的核心要素。

(二)强化"国之大者"担当

"国之大者",就是党和国家的工作大局、工作重点所在。2020年4月,习近平总书记在陕西考察时的讲话,对"国之大者"做出了明确的界定,他强调:要自觉讲政治,对"国之大者"要心中有数,关注党中央在关心什么、强调什么,深刻领会什么是党和国家最重要的利益、什么是最需要坚定维护的立场,切实把增强"四个意识"、坚定"四个自信"、做到"两个维护"落到行动上,不能只停留在口号上。[1]

党中央关心什么、强调什么,什么是党和国家最重要的利益、什么是最需要坚定维护的立场,这是年轻干部要时时处处想清楚搞明白的问题,也是要予以担当的。

2021年7月1日,庆祝中国共产党成立100周年大会在北京举行,习近平总书记在庆祝大会上发表了重要讲话,从他的重要讲话中,年轻干部能够了解到"国之大者"。

第一,必须坚持中国共产党坚强领导。办好中国的事情,关键在党。中华民族近代以来180多年的历史、中国共产党成立以来100年

---

[1] 《习近平在陕西考察时强调 扎实做好"六稳"工作落实"六保"任务 奋力谱写陕西新时代追赶超越新篇章》,中国政府网2020年4月23日。

的历史、中华人民共和国成立以来 70 多年的历史都充分证明，没有中国共产党，就没有新中国，就没有中华民族的伟大复兴。

新的征程上，我们必须坚持党的全面领导，不断完善党的领导；"不断提高党科学执政、民主执政、依法执政水平，充分发挥党总揽全局、协调各方的领导核心作用！"[1]

第二，必须团结带领中国人民不断为美好生活而奋斗。人民是历史的创造者，是推动历史前进的决定性力量。中国共产党的根基在人民、血脉在人民、力量在人民。

"新的征程上，我们必须紧紧依靠人民创造历史，坚持全心全意为人民服务的根本宗旨，站稳人民立场，贯彻党的群众路线，尊重人民首创精神，践行以人民为中心的发展思想，发展全过程人民民主，维护社会公平正义，着力解决发展不平衡不充分问题和人民群众急难愁盼问题，推动人的全面发展、全体人民共同富裕取得更为明显的实质性进展！"[2]

第三，必须继续推进马克思主义中国化。马克思主义是我们立党立国的根本指导思想，是我们党的灵魂和旗帜。中国共产党为什么能，中国特色社会主义为什么好，归根到底是因为马克思主义行！

"新的征程上，我们必须坚持马克思列宁主义、毛泽东思想、邓小平理论、"三个代表"重要思想、科学发展观，全面贯彻新时代中国特色社会主义思想，坚持把马克思主义基本原理同中国具体实际相结合、同中华优秀传统文化相结合，用马克思主义观察时代、把握时代、

---

[1] 习近平：《在庆祝中国共产党成立 100 周年大会上的讲话》，新华网 2021 年 7 月 1 日。
[2] 习近平：《在庆祝中国共产党成立 100 周年大会上的讲话》，新华网 2021 年 7 月 1 日。

引领时代，继续发展当代中国马克思主义、21世纪马克思主义！"[1]

第四，必须坚持和发展中国特色社会主义。中国特色社会主义是党和人民历经千辛万苦、付出巨大代价取得的根本成就，是实现中华民族伟大复兴的正确道路，必须坚持和发展。

"新的征程上，我们必须坚持党的基本理论、基本路线、基本方略，统筹推进'五位一体'总体布局、协调推进'四个全面'战略布局，全面深化改革开放，立足新发展阶段，完整、准确、全面贯彻新发展理念，构建新发展格局，推动高质量发展，推进科技自立自强，保证人民当家作主，坚持依法治国，坚持社会主义核心价值体系，坚持在发展中保障和改善民生，坚持人与自然和谐共生，协同推进人民富裕、国家强盛、中国美丽。"[2]

第五，必须加快国防和军队现代化。强国必须强军，军强才能国安。人民军队为党和人民建立了不朽功勋，是保卫红色江山、维护民族尊严的坚强柱石，也是维护地区和世界和平的强大力量。

"新的征程上，我们必须全面贯彻新时代党的强军思想，贯彻新时代军事战略方针，坚持党对人民军队的绝对领导，坚持走中国特色强军之路，全面推进政治建军、改革强军、科技强军、人才强军、依法治军，把人民军队建设成为世界一流军队，以更强大的能力、更可靠的手段捍卫国家主权、安全、发展利益！"[3]

第六，必须不断推动构建人类命运共同体。中华民族一直追求和

---

[1] 习近平：《在庆祝中国共产党成立100周年大会上的讲话》，新华网2021年7月1日。
[2] 习近平：《在庆祝中国共产党成立100周年大会上的讲话》，新华网2021年7月1日。
[3] 习近平：《在庆祝中国共产党成立100周年大会上的讲话》，新华网2021年7月1日。

平、和睦、和谐，中国共产党始终关注人类的前途命运，并为世界和平建设、全球健康发展、国际秩序维护作出了巨大的贡献。

"新的征程上，我们必须高举和平、发展、合作、共赢旗帜，奉行独立自主的和平外交政策，坚持走和平发展道路，推动建设新型国际关系，推动构建人类命运共同体，推动共建'一带一路'高质量发展，以中国的新发展为世界提供新机遇。中国共产党将继续同一切爱好和平的国家和人民一道，弘扬和平、发展、公平、正义、民主、自由的全人类共同价值，坚持合作、不搞对抗，坚持开放、不搞封闭，坚持互利共赢、不搞零和博弈，反对霸权主义和强权政治，推动历史车轮向着光明的目标前进！"[1]

第七，必须加强中华儿女大团结。团结海内外全体中华儿女，是实现中华民族伟大复兴的重要法宝。

"新的征程上，我们必须坚持大团结大联合，坚持一致性和多样性统一，加强思想政治引领，广泛凝聚共识，广聚天下英才，努力寻求最大公约数、画出最大同心圆，形成海内外全体中华儿女心往一处想、劲往一处使的生动局面，汇聚起实现民族复兴的磅礴力量！"[2]

第八，必须不断推进党的建设新的伟大工程。1921年7月，当浙江嘉兴南湖"红船"劈浪启航的时候，全国仅有50多名中国共产党党员。但截至2021年6月5日，中国共产党党员总数为9514.8万名。而且，中国共产党在全国执政已有70余年。

无疑，中国共产党是一个老党，也是一个大党。中国共产党虽然

---

[1] 习近平：《在庆祝中国共产党成立100周年大会上的讲话》，新华网2021年7月1日。
[2] 习近平：《在庆祝中国共产党成立100周年大会上的讲话》，新华网2021年7月1日。

★ 第三章 勇于担当 善于作为 ★

★ 图为嘉兴南湖红船（2021年8月3日摄）。（新华社记者 翁忻旸 摄）

是一个老党、大党，但却一直保持着旺盛的青春活力，具有先进性和纯洁性的政治品质，拥有着伟大、光荣、正确的政治荣誉，而且始终被人民群众所拥护、所支持。这其中一个很重要的原因，就是中国共产党始终坚持党要管党、全面从严治党，不断应对好自身在各个历史时期面临的风险考验。

"新的征程上,我们要牢记打铁必须自身硬的道理,增强全面从严治党永远在路上的政治自觉,以党的政治建设为统领,继续推进新时代党的建设新的伟大工程,不断严密党的组织体系,着力建设德才兼备的高素质干部队伍,坚定不移推进党风廉政建设和反腐败斗争,坚决清除一切损害党的先进性和纯洁性的因素,清除一切侵蚀党的健康肌体的病毒,确保党不变质、不变色、不变味,确保党在新时代坚持和发展中国特色社会主义的历史进程中始终成为坚强领导核心!"[1]

以上这些,都是"国之大者",新时代的年轻干部要把这些"国之大者"的责任担在肩上。

(三)强化依法治国担当

依法治国就是依照宪法和法律来治理国家。这是中国共产党领导人民治理国家的基本方略,是发展中国特色社会主义市场经济的客观需要,也是社会文明进步的显著标志,还是国家长治久安的必要保障。

新时代的年轻干部是全面推进依法治国的重要组织者、推动者和实践者,强化依法治国的担当,责无旁贷。

第一,维护宪法法律权威,捍卫宪法法律尊严,保证宪法法律实施。维护宪法法律权威,就是维护党和人民共同意志的权威;捍卫宪法法律尊严,就是捍卫党和人民共同意志的尊严;保证宪法法律实施,就是保证党和人民共同意志的实现。

新时代的年轻干部要对宪法法律怀有敬畏之心,在宪法和法律的

---

[1] 习近平:《在庆祝中国共产党成立100周年大会上的讲话》,新华网2021年7月1日。

框架内行使手中的权力,绝不能视宪法和法律为儿戏,凌驾于宪法和法律之上。

第二,法律面前人人平等。平等是社会主义法律的基本属性。"法律面前人人平等"这句话的涵义,概括说来,包括三个方面的内容:

一是任何人都一律平等地享有宪法和法律规定的各项权利,同时也都必须平等地履行宪法和法律所规定的各项义务。这就是说,不管你是农民,还是工人;不管你是教师,还是领导干部,都必须平等地享有宪法和法律规定的各项权利,并平等地履行宪法和法律所规定的各项义务。

二是任何人违法都必须受到追究。这就是说,任何人不论其地位有多高、权力有多大、身份有多特殊,一旦违法犯罪都要毫无例外地受到法律的制裁,决不允许任何违法犯罪分子逍遥法外。比如说周永康、薄熙来、令计划,位高权重;比如说刘汉、刘维、赖小民,钱多势众,但因为违法犯罪,都受到了法律的严厉制裁。

三是任何组织和个人都不允许有超越宪法和法律之上的特权。这就是说,任何组织和个人都必须以宪法和法律为根本活动准则,都必须依照宪法和法律来行使自己的权力或权利、履行自己的职责或义务,都不得违反(犯)宪法和法律。

第三,把宪法法律铭刻在内心。把宪法法律铭刻在内心,要求新时代的年轻干部确立法治信仰。美国当代著名法学家伯尔曼曾言:"法律必须被信仰,否则它将形同虚设。"党的十八届四中全会强调,法律的权威源自人民的内心拥护和真诚信仰。人民权益要靠法律保障,法律权威要靠人民维护。

法治信仰是一个国家法治的内在逻辑,它体现了法治的内在生命力。法国十八世纪启蒙思想家、教育家让－雅克·卢梭（1712 年 6 月 28 日—1778 年 7 月 2 日）说过，一切法律之中最重要的法律，既不是刻在大理石上，也不是刻在铜表上，而是铭刻在公民的内心里。

确立法治信仰，要求新时代的年轻干部把宪法和法律铭刻在内心里，尊崇宪法和法律，以宪法和法律为最高准绳。

三、培养勇于担当的胆略，掌握善于作为的方法

习近平总书记指出："做事总是有风险的。正因为有风险，才需要担当。凡是有利于党和人民的事，我们就要事不避难、义不逃责，大胆地干、坚决地干。"[1]

担当，风险、困难、挫折都在所难免，这就需要年轻干部培养勇于担当的胆略，掌握善于作为的方法。年轻干部有了勇于担当的胆略，掌握了善于作为的方法，即使工作复杂，困难艰巨，麻烦众多，风险巨大，这些复杂的工作，艰巨的困难，众多的麻烦，巨大的风险，都会迎刃而解。狭路相逢勇者胜。

（一）培养勇于担当的勇气胆略

新时代的年轻干部要勇于担当，需要培养勇于担当的勇气胆略。因为做事会有风险，有风险就要有面对风险担当起责任的勇气。

第一，强化责无旁贷的意识。莎士比亚说："生活如契约，每个

---

[1] 习近平：《在庆祝中国共产党成立 100 周年大会上的讲话》，新华网 2021 年 7 月 1 日。

人都有着不可推脱的责任。""天下兴亡，匹夫有责"，是要为国家尽责；"一人做事，一人当"，是要为自己负责。

面对工作任务、工作责任，年轻干部要有责无旁贷的意识，不要相互推诿，不要当局外人。在工作中，年轻干部眼里不能只盯着自己的利益，而看不到自己该承担的责任。在领导活动中，权、责、利三者是统一的，有其权，享其利，就要担其责。

第二，强化"责任就在这里"的态度。哈里·杜鲁门担任美国总统时，在他的办公室门口，挂着一块牌子，上面写着："责任就在这里。"

新时代的年轻干部做工作，需要有"责任就在这里"的态度。自己的责任自己承担，不把责任推卸给他人。

1962年12月，焦裕禄担任了兰考的县委书记。此时的兰考，遭遇着严重的灾荒，全县的粮食产量下降到历史的最低水平，粮食已经威胁到了人民群众的生存。

为了救助在饥饿线上苦苦挣扎的兰考干部和群众，焦裕禄决定派人到外地去购买议价粮。

在当时，焦裕禄做出这个决定是需要巨大勇气的，因为国家的粮食统购统销政策是一条红线。踩到这条红线，是要受到政治处分的。在县委常委会上，焦裕禄斩钉截铁地说："救命要紧，出了问题我一个人扛着。"

"救命要紧，出了问题我一个人扛着。"就是"责任就在这里"的鲜明态度。"'其实他心里很明白，当时这么做是拿自己的政治生命做赌注的，但是为了群众的切身利益，他早已经把个人的风险置之度外。最后经过县委常委会讨论后认为，代食品和副食品是不受粮食

★ 做可堪大用能担重任的年轻干部 ★

★ 图为焦裕禄资料照片。
（新华社发）

统购统销政策限制的，县里可以买这些救济群众。'曾在兰考县总工会工作过的李国庆回忆说。就这样，焦裕禄让县供销社组织了148个人的采购队伍、十几辆大卡车，走了8个省，采购了粉条、苜蓿片、红薯干、蚕豆等副食品30多万公斤，将全县的干部群众从饥饿和死亡的边缘拉了回来。"[1]

第三，培养勇于负责的勇气。勇于负责是需要勇气的。这是一种大无畏的勇气，是一种对党和人民高度负责的勇气。老一辈无产阶级革命家习仲勋和胡耀邦都是具有这种勇气的。

1978年春至1980年底，习仲勋同志在广东主政。这期间，广东曾经发生过群体性偷渡外逃香港的事件。

事件发生之后，引起了中央有关方面的关注。面对这种情况，习仲勋同志不诿过，不迁怒，而是在各种场合多次做自我批评，主动承担责任。他说："责任要由省委来负责。""我们不能怪下面，更不能对下面的同志有什么批评，这个责任省委完全承担了。"[2]

1977年12月10日，胡耀邦被任命为中组部部长。面对"文革"期间累积起来的大量冤、错、假案，胡耀邦遵照党的实事求是、有错必纠的原则，以勇于亮剑的胆略，率领组织部全体同志，开始了一场党的历史上最艰难的平反工作。

平反工作的艰难，当今的人们难以想象。虽然"四人帮"被打倒了，但阻碍的势力依然存在。下面的片段记载就可以看出当时这项工

---

[1] 付艳波：《"追寻焦裕禄的足迹"主题报道：求真务实 敢于担当》，《开封网－汴梁晚报》2015年6月20日。
[2] 吴江：《习仲勋是怎样处理突发事件的》，《北京日报》2008年2月4日。

作的艰辛。

1978年2月中组部决定召开省市区党委组织部长分批参加的座谈会。

胡耀邦与几位局长谈话后经过一番思考，决定由中组部调查组的高奇同志来主持这一系列的座谈会。

戴煌先生在他所著的《胡耀邦与平反冤假错案》一书中记载了下面的内容：

耀邦把高奇请到自己办公室，对他说："你来具体操办'疑难案例座谈会'怎么样？"

高奇说："我还没主持过这样的会，中央又没有解决疑难案件的政策界限。"

"政策界限一时还没有，"耀邦说，"这得靠我们去讨论实践。我现在只能给你四个字：实事求是。你就按这个精神去掌握。"

高奇仍面有难色。他说："您已知道我资历浅，而座谈会要研究的案例，许多都是省部级领导干部的问题，我……我……"

因为会期已临近，耀邦毕竟有些急。他快步走到高奇面前，指着他说："你还记得《论语》中的这句话吗？'见利思义，见危授命'。还有，李大钊同志有一句名言：'铁肩担道义，妙手著文章。'你这也是见危受命，去担起我们党的道义。在目前形势下，我们不下油锅，谁下油锅？！"

"再说，如果以后形势有了'重大变化'，首先处分我，然后再处分你，怎么样？因为是我叫你干的！"

高奇被深深地感动了。他觉得，耀邦的这一言一行，都透现出一位真正共产党人的非凡胆略和勇气,对党对人民的极端负责精神,他应该学习。他霍地立起身,握着耀邦的手:"胡部长!您放心,我一定尽我最大的努力,按您的意见办好这件事!"

第一次座谈会,于1978年2月下旬在万寿路中组部招待所如期举行。[1]

"在目前形势下,我们不下油锅,谁下油锅?!""再说,如果以后形势有了'重大变化',首先处分我,然后再处分你,怎么样?因为是我叫你干的!"正是有了这种勇于担当的胆略,他带领中组部一班人马很好地落实了党的平反冤假错案工作的相关政策。

像习仲勋、胡耀邦、焦裕禄这种勇于担当的胆略从何而来?

来自他们对党、国家和人民的忠诚。忠诚,就是对党、对国家、对人民等诚心诚意、尽心尽力,没有二心。

年轻干部要向他们学习。年轻干部有了这种忠诚之心,才能面对问题不回避,面对困难不低头,面对挫折不弯腰。

来自他们对党、国家和人民的热爱。他们心中没有自己,只有党、国家和人民的事业和利益。

年轻干部要向他们学习,把党、国家和人民的事业和利益看得比泰山还重。年轻干部如果有了这样的事业观和利益观,是不会惧怕担当风险的。

来源于他们对党、国家和人民事业的敬重。苏联的奥斯特洛夫斯基曾经说过这样一段经典的话:"共同的事业,共同的斗争,可以使

---

[1] 戴煌:《胡耀邦与平反冤假错案》,北京:中国文联出版公司、新华出版社联合出版1998年版,第65—66页。

人们产生忍受一切的力量。"这种能够"忍受一切的力量"就是坚忍不拔的勇气。我们正在建设中国特色社会主义现代化的伟大事业，对这种事业的敬重，会让年轻干部产生非凡的勇气。

2006年10月24日，时任浙江省委书记、省人大常委会主任的习近平在浙江日报"之江新语"专栏发表了一篇题为《敢于负责，善于负责》的文章。在这篇文章中，习近平指出："领导干部有了敢于负责的胆量和气魄，固然可嘉。但是，要做到真正意义上的负责，还需要有善于负责的本领。善于负责，必须掌握科学的思想方法和工作方法。领导干部要能负责、会负责、负好责，做到权责对等，不盲目负责、不胡乱负责，处理矛盾和问题要讲究策略，有勇有谋、有胆有识、有理有利有节。"[1]

习近平总书记的这段话说得非常精辟。勇于担当，只是限定了承担责任者面对责任时胆量的大小、境界的高低、担当力量的强弱。但对于他能否真正承担起责任，负好责，则是缺少一种保障作用的。承担责任者要实现真正意义上的履职尽责，必须在具有"敢于负责"的胆量、境界和担当之外，还要"善于负责"，即具有能够负好责的思想方法和工作方法。两者只有做到有机地结合，才能实现真正意义上的担好责，有作为。

如果把工作任务比作过河的话，思想方法和工作方法，就是过河的船与桥。正如毛泽东在《关心群众生活，注意工作方法》一文中所说："我们不但要提出任务，而且要解决完成任务的方法问题。我们

---

[1] 习近平：《敢于负责，善于负责》，《浙江日报》2006年10月24日。

的任务是过河,但是没有桥或没有船就不能过。不解决桥和船的问题,过河就是一句空话。不解决方法问题,任务也只是瞎说一顿。"[1]

所以,新时代的年轻干部要勇于担当,善于作为,还要有正确的思想方法和工作方法。

(二)掌握善于作为的思想方法

思想方法决定工作方法。新时代的年轻干部要善于作为,必须掌握善于作为的科学思想方法。

善于作为的科学思想方法,最重要、最根本的就是马克思主义哲学。哲学是智慧之学。在马克思主义三个重要组成部分中,马克思主义哲学是基础。

年轻干部要掌握善于作为的科学思想方法,必须用马克思主义哲学来武装头脑。用马克思主义哲学来武装头脑,要把马克思主义哲学作为必修课,将马克思主义哲学作为看家本领来掌握。

那么,年轻干部学习马克思主义哲学,从哪里切入?怎样学?这两个问题看似简单,其实并不简单。要回答解决这两个问题,年轻干部首先要明白自身学习马克思主义哲学的目的。

实事求是而言,绝大多数年轻干部学习马克思主义哲学,并非是要当哲学家,而是要提高哲学素养,增强政治敏锐性和政治鉴别力,并能做好自身从事的某个方面的工作。因此,年轻干部学习马克思主义哲学,不妨从马克思主义哲学的基本观点和基本方法入手,如辩证

---

[1] 毛泽东:《关心群众生活,注意工作方法》(1934年1月27日),《毛泽东选集》第1卷,北京:人民出版社1991年版,第139页。

的观点、发展的观点、实践的观点、群众的观点，如具体问题具体分析的方法，一切从实际出发的方法，等等。

年轻干部把这些马克思主义哲学的基本观点和基本方法搞清楚之后，再把它们与自身的实际工作相结合，会大大提高自身的马克思主义哲学素养，并能指导自身的工作实践。

年轻干部学习马克思主义哲学，能原原本本地学习和研读马克思主义哲学的经典著作最好，如《反杜林论》《路德维希·费尔巴哈和德国古典哲学的终结》《唯物主义和经验批判主义》，等等。如果时间、精力、领悟力有限的话，有一条便捷有效的学习路径，这就是学习毛泽东所撰写的《实践论》和《矛盾论》。"两论"是马克思主义哲学的最新成果。

《实践论》写作于1937年7月，是毛泽东关于马克思主义认识论的代表著作。毛泽东在马克思主义辩证唯物主义认识论的基础上，结合中国的具体社会实践，深刻地揭示了认识与实践的相互关系。

毛泽东指出："马克思主义者认为，只有人们的社会实践，才是人们对于外界认识的真理性的标准。实际的情形是这样的，只有在社会实践过程中（物质生产过程中，阶级斗争过程中，科学实验过程中），人们达到了思想中所预想的结果时，人们的认识才被证实了。人们要想得到工作的胜利即得到预想的结果，一定要使自己的思想合于客观外界的规律性，如果不合，就会在实践中失败。人们经过失败之后，也就从失败取得教训，改正自己的思想使之适合于外界的规律性，人们就能变失败为胜利，所谓'失败者成功之母'，'吃一堑长一智'，

★ 毛泽东写的《实践论》《矛盾论》等文章。

就是这个道理。"[1] 他还指出:"通过实践而发现真理,又通过实践而证实真理和发展真理。从感性认识而能动地发展到理性认识,又从理性认识而能动地指导革命实践,改造主观世界和客观世界。实践、认识、再实践、再认识,这种形式,循环往复以至无穷,而实践和认识之每一循环的内容,都比较地进到了高一级的程度。这就是辩证唯物论的全部认识论,这就是辩证唯物论的知行统一观。"[2]

---

[1] 毛泽东:《实践论》(1937年7月),《毛泽东选集》第1卷,北京:人民出版社,1991年版,第284页。
[2] 毛泽东:《实践论》(1937年7月),《毛泽东选集》第1卷,北京:人民出版社,1991年版,第296—297页。

由这两段话，年轻干部就可以看出《实践论》是怎样通俗易懂地解读出"辩证唯物论的知行统一观"的。

《矛盾论》是继《实践论》之后毛泽东在1937年8月所撰写的另一部哲学著作。毛泽东从两种宇宙观、矛盾的普遍性和特殊性的关系、主要的矛盾和主要的矛盾方面的关系等方面，深刻地阐述了对立统一规律。比如，毛泽东在论述矛盾的普遍性和特殊性的关系时指出："由于事物范围的极其广大，发展的无限性，所以，在一定场合为普遍性的东西，而在另一一定场合则变为特殊性。反之，在一定场合为特殊性的东西，而在另一一定场合则变为普遍性。"[1] 他还强调："由于特殊的事物是和普遍的事物联结的，由于每一个事物内部不但包含了矛盾的特殊性，而且包含了矛盾的普遍性，普遍性即存在于特殊性之中，所以，当着我们研究一定事物的时候，就应当去发现这两方面及其互相联结，发现一事物内部的特殊性和普遍性的两方面及其互相联结，发现一事物和它以外的许多事物的互相联结。"[2]

毛泽东的《矛盾论》是对马克思主义唯物辩证法的对立统一规律的极为系统和深刻的发挥，是马克思主义唯物辩证法哲学思想在中国具体条件下的继承、发展和创新。

李瑞环认为："可以这样说，真正学懂了'两论'，也就基本上

---

[1] 毛泽东：《矛盾论》（1937年8月），《毛泽东选集》第1卷，北京：人民出版社，1991年版，第318页。
[2] 毛泽东：《矛盾论》（1937年8月），《毛泽东选集》第1卷，北京：人民出版社，1991年版，第318页。

掌握了马克思主义哲学的主要观点。"[1]

李瑞环，曾经担任过中共天津市委书记、市长，是第八届、第九届全国政协主席，党的第三代领导集体的成员。

而他，并非出身名门望族。他曾经回忆说："我出生在农村，小时候在老家拉过犁，种过地，赶过车，织过布，许多农活都干过。我大概14岁开始织布。我记得那时我的个儿小，织布的坐机板高，脚够不着，家里还专门为我做了一个凳子。17岁时，我到北京做小工。一次偶然的机会，我去给木工班扫刨花，当时有个木工工长，名叫王锡田，他说我很灵巧，让我学木匠。我就这样从一个普通的木匠开始，一步步成长为党和国家的领导干部。"

他也不是名校毕业，他的最高学历是在北京建工业余学院工业与民用建筑专业学习过。1951年至1965年，他在北京第三建筑公司当工人，这其间即1958年至1963年他在北京建工业余学院学习了工业与民用建筑。

那么，李瑞环是怎样由一个普通的木工，成为党和国家高级领导干部的呢？李瑞环自己回答了这个问题。他说："有人说，由一个普通农民、工人，一步步走到党和国家最高领导层真不简单，这其中一定会有一些奥秘、诀窍，应该总结一下。要我说还是那句老话：是社会主义制度的产物，当然也不能否认个人的努力。光靠努力还不行，还要得法，得法就是要学习哲学。我这一生对我帮助最大的就是马克

---

[1]《李瑞环：《学哲学 用哲学》（上册），北京：中国人民大学出版社2005年版，第10—11页。

思主义哲学。"[1]

学了哲学之后，李瑞环密切联系工作实际，进行深入思考，来指导工作实践。在1951年至1965年李瑞环当工人期间，他搞过100多项技术革新，被誉为"革新能手"。

李瑞环认为，"哲学是明白学、智慧学，学懂了哲学，脑子就灵，眼睛就亮，办法就多；不管什么时候、干什么工作都会给你方向、给你思路、给你办法。"[2]

这是李瑞环自身经验的总结。年轻干部应该学习李瑞环的经验，用马克思主义哲学武装头脑。马克思主义哲学要真学、真信、真用。

第一，真学，就是要真心地学习。年轻干部要系统地掌握马克思主义哲学，必须在读原著、学原文、悟原理上下功夫。李瑞环回忆说："许多马克思主义哲学著作我都反复认真读过，有的文章甚至可以背下来。尤其那本哲学辞典，我叨咕得非常熟，还和人搞过比赛，看谁查得快、讲得准、背得多。"毛泽东25000多字的《矛盾论》和44000多字的《中国革命战争的战略问题》他都能熟背如流。

第二，真信，是在真学基础上形成的思想收获。真学了，而且懂得了其中的精髓，把握了其中的科学原理，并形成了坚定的马克思主义信仰，而这种坚定的马克思主义信仰又能成为自身勇于担当为实现远大理想而奋斗的精神动力。李瑞环不仅真学，也是真信。他说："哲学这门学问说来也神，你的工作越变化、越新，它显得越有用；你的地位越高、场面越大，它的作用越大；你碰到的问题越困难、越复杂，

---

[1] 李瑞环：《学哲学　用哲学》（上册），北京：中国人民大学出版社2005年版，第16页。
[2] 李瑞环：《学哲学　用哲学》（上册），北京：中国人民大学出版社2005年版，第16页。

它的效力越神奇;面对的问题越关键,它发挥的作用越关键。"[1]

第三,真用。学习重在理论联系实际,解决实际中的问题。"读书是学习,使用也是学习,而且是更重要的学习。……说学习和使用不容易,是说学得彻底,用的纯熟不容易。"[2]

李瑞环学哲学,不仅真学、真信,还真用。他在天津主政期间,"他爱与人大代表、政协委员、各界群众开对话会,且每次都是电视现场直播,大家一问一答,现场非常活跃,群众也欢迎,几乎是家家必看。在一次对话会上,一位老太太说她家煤气灶常点不着火,有关部门领导现场解答时讲了许多数字、原因、道理,李瑞环却打断道:'你讲那么多没有用。老太太要求的是煤气点火就着。'这件事,被天津人总结为李瑞环的'老太太哲学'。"[3]

"老太太哲学",其实就是"老百姓哲学",是把马克思主义哲学百姓化。

"老百姓哲学",是不空谈道理、务实敢干解决问题的"哲学",而不是"空对空"的哲学,不是光说大道理,不干实事的哲学。不是只对上负责,不对下负责的哲学,不是对上对下都不负责的哲学。

正是秉持着这种"老太太哲学",李瑞环在天津办了许多实事。比如,为了改善天津居民的居住条件,他力主拆除了唐山大地震遗留的大量防震棚,新盖了居民楼。

---

[1] 李瑞环:《学哲学 用哲学》(上册),北京:中国人民大学出版社2005年版,第16页。
[2] 毛泽东:《中国革命战争中的战略问题》(1936年12月),《毛泽东选集》第1卷,北京:人民出版社,1991年版,第181页。
[3] 廖楠:《李瑞环:从"青年鲁班"到爱读书的老人》,人民网-人民日报海外版,2013年5月10日。

学哲学，不是为了学而学，而是为了应用而学习，要坚持内化于心，外化于行，在知行合一上下大功夫。这样，年轻干部就掌握了善于作为的思想方法。

（三）掌握善于作为的工作方法

农夫的老婆送给他一块怀表。他非常珍惜。可是，有一天，他在打扫马厩时把怀表弄丢了。他很着急，匆忙在马厩里寻找，但他差不多把马厩都翻遍了，也没有找到。

后来，农夫看到马厩外有一群小孩在玩耍，就请孩子们帮他寻找。并许诺说："如果谁能找到我的怀表，就赏5毛钱。"

孩子们蜂拥般跑进了马厩，但过了一阵子大家都垂头丧气地出来了。农夫很失望。这时，就听有个孩子对他说："我能再去找一次吗？"农夫同意了。

不久，这个孩子拿着怀表走出了马厩。农夫惊喜地问："你是怎么找到的？"孩子说："我进了马厩之后，什么都没做，我就是静静地坐在地上，不一会儿，我就听到了嘀嗒、嘀嗒的声音，于是循声找到了怀表。"

这个故事告诉人们，做事要讲究方法。方法得当，事半功倍，方法不当，事倍功半。

善于作为，也需要有正确的做事方法。有了正确的做事方法，才能避免盲目。正确的做事方法固然很多，但"做正确的事"，"正确地做事"，等等，则是基本的方法。

第一，做正确的事。年轻干部做事之前要找对方向和目标。这是

第三章　勇于担当　善于作为

勇于担当、善于作为的基础和前提。

勇于担当、善于作为如果离开了"做正确的事"这个基础和前提，任何努力、方法都是徒劳的。

我国有一个"南辕北辙"的成语，说是有一个人要到南方楚国去，却驾着车往北走，有人告诉他方向错了，他说没关系，我有一匹好马；别人说有好马也不行啊，他说我还有一辆好车；别人说有好车也不行啊，他说我还有一个技术高明的驭手。

不言而喻，方向错了，背道而驰，有好马、好车、高明的驭手也是无济于事的。

由此可知，年轻干部在做任何事情之前，都不要"匆忙"，也不要"茫然"，更不要"盲目"，应该从确定正确的目标和方向开始。这是一个基础的方法，也是一个重要而关键的方法。

目标清楚、明确了，方向正确了，就会引导你正确地迈出每一步。目标明确、方向正确，就不怕路远。目标不清楚、不明确，甚至方向错了，南辕北辙了，担当也是盲目地担当。

在我国的东北，曾经发生过这样一件事情：天降大雪，停车场上的汽车都被大雪覆盖了。

有位男士拿着扫雪工具，来给自己的爱车扫雪。他认认真真地扫完雪，准备开车上班。可是，当他一按车钥匙，想打开车门时，旁边的那辆车车门开了。

其实，在工作中，我们也有许多人就如同这位车主，常常只埋头"扫雪"而没有意识到要扫的并非是"这辆车"。当然，他想助人为乐，则另当别论。

要知道，从老鼠身上是挤不出奶来的。所以，起跑之前，先别忙着跑，要看好方向，弄清目标再起跑。

第二，正确地做事。做正确的事，是选准方向和目标；正确地做事，是正确地为选准的方向和目标来做事。

要知道，做了正确的事，但如果没有正确地去做事，也不会取得好的效果，也就称不上善于作为。因此，年轻干部勇于担当，善于作为，就要在做正确的事的基础上，正确地做事。

第三，做事求实效。勇于担当，善于作为，还必须务实，求实效。古人云："为政贵在行，以实则治，以文则不治"。这句话很有道理。治国理政，贵在行动。务实则国治民安，只搞表面形式，就会空谈误国。

治国理政如此，面对上级的决策、面对工作任务、面对自身肩负的责任，也是一样，务实，才不会空谈误事。

实效，就是工作一定要有实实在在的效率和好的结果。做工作，必须要取得实效，才是真正的勇于担当，善于作为。如果没有结果，任何理由都没有价值。因此，勇于担当，善于作为，取得实效是一个很重要的标准。

第四章

坚持原则 敢于斗争

坚持原则是共产党人的重要品格，是衡量一个干部是否称职的重要标准。对共产党人来说，"好好先生"并不是真正的好人。奉行好人主义的人，没有公心、只有私心，没有正气、只有俗气，好的是自己，坏的是风气、是事业。共产党人讲党性、讲原则，就要讲斗争。在原则问题上决不能含糊、决不能退让，否则就是对党和人民不负责任，甚至是犯罪。大是大非面前要讲原则，小事小节中也有讲原则的问题。党的干部都要有秉公办事、铁面无私的精神，讲原则不讲面子、讲党性不徇私情。

当前，世界百年未有之大变局加速演进，中华民族伟大复兴进入关键时期，我们面临的风险挑战明显增多，总想过太平日子、不想斗争是不切实际的。要丢掉幻想、勇于斗争，在原则问题上寸步不让、寸土不让，以前所未有的意志品质维护国家主权、安全、发展利益。共产党人任何时候都要有不信邪、不怕鬼、不当软骨头的风骨、气节、胆魄。

第四章　坚持原则　敢于斗争

"共产党人讲党性、讲原则，就要讲斗争""要丢掉幻想、勇于斗争。"[1]这是2021年9月1日习近平总书记在2021年秋季学期中央党校（国家行政学院）中青年干部培训班开班式上的讲话中所强调的。

党的十八大以来，习近平总书记在多个场合向广大党员干部特别是年轻干部强调过要坚持原则，敢于斗争。

一、衡量年轻干部是否称职的重要标准

习近平总书记指出："坚持原则是共产党人的重要品格，是衡量一个干部是否称职的重要标准。对共产党人来说，'好好先生'并不是真正的好人。奉行好人主义的人，没有公心、只有私心，没有正气、只有俗气，好的是自己，坏的是风气、是事业。共产党人讲党性、讲原则，就要讲斗争。在原则问题上决不能含糊、决不能退让，否则就是对党和人民不负责任，甚至是犯罪。大是大非面前要讲原则，小事小节中也有讲原则的问题。党的干部都要有秉公办事、铁面无私的精神，讲原则不讲面子、讲党性不徇私情。"[2]

习近平总书记的这段话，既指出了坚持原则的重要性，也为年轻干部如何坚持原则提供了重要的遵循。

---

[1] 习近平在中央党校（国家行政学院）中青年干部培训班开班式上发表重要讲话，新华网2021年9月1日。
[2] 习近平在中央党校（国家行政学院）中青年干部培训班开班式上发表重要讲话，新华网2021年9月1日。

（一）坚持原则要摒弃好人主义

年轻干部要做好人，做老实人，但不是做"老好人"，做"好好先生"。"老好人""好好先生"并不是真正的好人，也不是老实人。

"老好人""好好先生"为人处世的哲学是"你好我好大家好"。没有原则，没有立场，有的只是圆滑。他们不讲是非，凡事皆曰好。东汉末年的司马徽就是这样一位好好先生。

据史料记载，司马徽不管跟人说什么事，问他什么事，也不管这件事是好，还是坏，他一律都是说"好"。

一天，司马徽的朋友来到他的府上，伤心地谈起儿子去世的事，孰料司马徽接连说："很好！很好！"

他的妻子曾劝他："人家有所疑，才问你，你哪能一概说好呢！你这样一切皆说好，并不是别人问你的本意呀！"司马徽说："像你这样说，也是很好！"

老好人、好好先生，其实是老滑头、是滑头先生。他们左右逢源、八面玲珑，是非面前不开口，遇到矛盾躲着走。

年轻干部要坚持原则，首先要摒弃这种好人主义。奉行好人主义的年轻干部只有私心，没有公心；只有俗气，没有正气；只有媚骨，没有傲骨。

（二）在原则问题上决不含糊、决不退让

坚持原则是共产党人的重要政治品格，是具有坚强党性原则的重要表现。新时代的年轻干部不仅在大是大非面前要讲原则，即使是在小事小节中也要讲原则。尤其是在大是大非面前，放弃原则，就是放

弃党性。因此，年轻干部在原则问题上是决不能含糊，也是决不能退让的。请看四川省巴中市南江县委原常委、纪委原书记王瑛是怎样坚持原则的。

王瑛（1961年11月—2008年11月27日）出生于四川省阿坝州小金县。她曾经担任过南江县委常委、组织部长、南江县委常委、纪委书记，不管是做组织工作还是做纪检工作，她都是忠诚履职，坚持原则。

王瑛担任南江县纪委书记期间的2003年5月，她指挥调查一起重大案件。在办案的过程中，各种阻力接踵而至。有人甚至扬言："敢查这个案子，你几爷子是不想活了。"王瑛没有被吓倒，依然坚持该查必查的原则。她鼓励办案人员："自古邪不压正，只要我们坚持一查到底，真相终将大白于天下。"

王瑛亲自跟主要涉案人员进行谈话，相继突破3个关键人物，使案件查办取得实质性进展。经过两个多月的奋战，这起重大案件得以结案，10个违纪违法者受到应有的法律制裁和党政纪处分。

年轻干部应该像王瑛学习，在原则问题上决不能退让。

（三）培养秉公办事、铁面无私的精神

社会主义市场经济讲公平、公开竞争，它要求各行业的职业道德必须办事公道，这是职业道德的基本准则。社会主义市场经济要求每一市场主体不仅在法律上是平等的，而且在人的尊严与社会权益上都是平等的。人与人之间只有能力与社会分工的不同，没有高低贵贱之分，大家应当互相尊重，互惠互利，互相友爱，平等待人。

★ 做可堪大用能担重任的年轻干部 ★

★ 图为王瑛生前在四川省南江县光雾山的留影（资料照片）。（新华社发）

第四章 坚持原则 敢于斗争

秉公办事，强调对服务对象应一视同仁，不因民族和阶层、性别和年龄、职位高低、贫富差别而有所分别。

办事不公道，实际上是把那些应服务于全社会、全体人民的职业，变成只服务于社会某一部分人的职业，甚至变成谋取私利的工具，使这些职业的社会性质发生根本的扭曲和改变。

坚持原则要求年轻干部要按照国家法纪法规和职业纪律、规章行使职业权力，履行职业义务。简言之，就是遵循国家法律，严守职业纪律。请看张闻天是怎样秉公办事，铁面无私的。

张闻天（1900年8月30日—1976年7月1日），是杰出的无产阶级革命家、忠诚的马克思主义者，他在一个相当长的时期内担任党和国家的重要领导人。新中国成立后，他在外交战线工作。1951年4月出任驻苏联大使。1954年底回国任外交部第一副部长。

他虽然身居高位，但却从来不用手中的权力谋取私情，而是坚持原则，铁面无私。

张闻天在担任外交部第一副部长期间，常有亲戚来找张闻天，希望能借他的权力找一个理想的工作。但张闻天对此一概是"热情接待，谢绝办理"。

张闻天的二女儿曾在外交部担任打字员。1955年，中央号召精简机构。当时张闻天在外交部担任第一副部长，他没有利用自己的职权将女儿留下，而是首先将自己的女儿精简了下来。

1972年，张闻天的侄孙女中学毕业了。有关方面安排她去当清洁工。她很不高兴，不想去上班。于是，她便给爷爷写信，希望爷爷能出面托人给她换一个工作。

张闻天收到信,很快便给她回了一封信。信中说:"我没法可想,就是有办法也不会想的。分配去当清洁工,这是分工的不同。不要以为中学毕业生就不能去当清洁工。这个想法是不对的。现在教育普及了,青年都有了文化,如果大家都不愿意去当清洁工,那么,粪便就无人处理,马路上的垃圾就无人打扫。这样下去,城市会变成什么样子呢?所以总得有一部分青年去做这项工作。人家的子女能做,我们的子女为什么不能做呢?不论是什么工作,只要是为人民服务的,就都是光荣的。"

侄孙女接到信的第二天,就愉快地去上班了。她后来一直在环卫系统工作,仅粪车和垃圾车就开了7年。

张闻天虽然官位居高,但他的亲属没有一个受到过他的特殊关照。正如他明确表示的:"不要说我没什么后门,就是有后门我也不开。"就是因为他不开"后门",他的大女儿一直在家乡务农。

这就是秉公办事、铁面无私的精神。张闻天作为外交部第一副部长,把女儿留在部里,不精简掉;给有关方面打个招呼,让侄孙女有个更好的工作,应该是两件很容易的事情,但即便是很容易办到的两件事情,张闻天也没有去做。正如他说讲的:"我没法可想,就是有办法也不会想的。"真是秉公办事,铁面无私,值得新时代的年轻干部学习。

二、要丢掉幻想、勇于斗争、善于斗争

习近平强调:"当前,世界百年未有之大变局加速演进,中华民

族伟大复兴进入关键时期，我们面临的风险挑战明显增多，总想过太平日子、不想斗争是不切实际的。要丢掉幻想、勇于斗争，在原则问题上寸步不让、寸土不让，以前所未有的意志品质维护国家主权、安全、发展利益。"[1]

（一）敢于斗争是中国共产党的政治优势

习近平总书记强调："敢于斗争、敢于胜利，是中国共产党人鲜明的政治品格，也是我们的政治优势。"[2]

党依靠斗争走到今天。纵览中国共产党的百年历史，就是一部为了民族独立、人民解放、国家富强、人民幸福而艰辛斗争的历史。

第一，党在斗争中诞生。中国共产党"一大"的召开就充满着惊心动魄的斗争。1921年7月23日，中国共产党第一次全国代表大会在上海开幕。

会议期间的一个晚上，代表们聚集在一起继续开会。共产国际代表马林用英语发言。正在这时，一个身穿灰色长衫的陌生中年男子突然闯入会场。他朝屋里环视一周，说是要找人。有着丰富秘密工作经验的马林立即警觉起来，断定此人是暗探，要求会议立即停止，代表们迅速分头离开。果不其然，代表们刚离开会场不久，法租界巡捕房的警车就到了。由于提前有所准备，所以巡捕和密探没有发现什么从

---

[1] 习近平在中央党校（国家行政学院）中青年干部培训班开班式上发表重要讲话，新华网2021年9月1日。
[2] 习近平：《在湖北省考察新冠肺炎疫情防控工作时的讲话》（2020年3月10日），《求是》，2020年第7期。

事政治活动的证据,但是在四周布下了暗探。

为保证安全和完成会议任务,代表们紧急转移到浙江嘉兴南湖一条小船上继续进行,在船上完成了大会全部议程。

党的"一大"通过了中国共产党纲领,确定党的名称为"中国共产党";设立了中央局作为中央的临时领导机构,选举陈独秀、张国焘、李达组成中央局,选举陈独秀担任党的中央局书记。

就这样,中国共产党在斗争中正式诞生了,这成为中国历史上开天辟地的大事件。

第二,党在斗争中发展壮大。党的发展壮大,也不是一帆风顺的。她是在艰苦卓绝的斗争中发展壮大的。

1929年12月28日至29日召开的"古田会议",是同红四军党内出现的各种非无产阶级思想进行的斗争;1935年1月15日至17日召开的"遵义会议",是同王明"左"倾冒险主义的错误路线进行的斗争;1941年5月至1945年4月,中国共产党在延安开展的党的历史上第一次大规模的整风运动,史称"延安整风",是同主观主义、宗派主义、党八股进行的斗争。

第三,党领导中国人民实现了从站起来、富起来到强起来的历史性飞跃,是在斗争中完成的。

党团结带领中国人民经过北伐战争、土地革命战争、抗日战争、解放战争,以武装的革命反对武装的反革命,推翻帝国主义、封建主义、官僚资本主义三座大山,建立了人民当家作主的中华人民共和国,中国人民站起来了。

党团结带领中国人民进行社会主义革命,消灭了在中国延续几千

★ 第四章 坚持原则 敢于斗争 ★

★ 图为古田会议会址。（新华社记者 李开远 摄）

年的封建剥削压迫制度，确立了社会主义基本制度，推进了社会主义建设，实现了一穷二白、人口众多的东方大国大步迈进社会主义社会的伟大飞跃。

党团结带领中国人民进行改革开放，大胆地试、勇敢地改，干出了一片新天地。改革开放40年来，"全国居民人均可支配收入由171元增加到2.6万元，中等收入群体持续扩大。我国贫困人口累计减少7.4亿人，贫困发生率下降94.4个百分点，谱写了人类反贫困史上的辉煌篇章。教育事业全面发展，九年义务教育巩固率达93.8%。我国建成了包括养老、医疗、低保、住房在内的世界最大的社会保障体系，基本养老保险覆盖超过9亿人，医疗保险覆盖超过13亿人。常住人口城镇化率达到58.52%，上升40.6个百分点。居民预期寿命由1981年的67.8岁提高到2017年的76.7岁。"[1]

党团结带领中国人民自信自强、守正创新，统揽伟大斗争、伟大工程、伟大事业、伟大梦想，创造了新时代中国特色社会主义的伟大成就。

斗争创造历史，斗争成就伟业。新时代的年轻干部要完成我们党所确立的政治目标，就必须继续发扬斗争精神，增强斗争本领，敢于斗争、善于斗争。

（二）在原则问题上寸步不让、寸土不让

习近平总书记强调："我们党依靠斗争走到今天，也必然要依靠

---

[1] 习近平：《在庆祝改革开放40周年大会上的讲话》（2018年12月18日）新华网2018年12月18日。

★ 第四章 坚持原则 敢于斗争 ★

斗争赢得未来。"[1]

为中国人民谋幸福，为中华民族谋复兴，是中国共产党的初心和使命。为了实现中华民族的伟大复兴，中国共产党为之奋斗了100年。时至今日，我们比历史上任何时期都更接近、更有信心和能力实现中华民族伟大复兴的目标。但与此同时，在前进的道路上，我们依然面临着各种可以预见或难以预见的重大挑战、重大风险、重大阻力和重大矛盾。船到中流浪更急、人到半山路更陡。我们要实现伟大梦想，就必须进行具有许多新的历史特点的伟大斗争。

在这一伟大斗争中，年轻干部要牢记："凡是危害中国共产党领导和我国社会主义制度的各种风险挑战，凡是危害我国主权、安全、发展利益的各种风险挑战，凡是危害我国核心利益和重大原则的各种风险挑战，凡是危害我国人民根本利益的各种风险挑战，凡是危害我国实现'两个一百年'奋斗目标、实现中华民族伟大复兴的各种风险挑战，只要来了，我们就必须进行坚决斗争，而且必须取得斗争胜利。"[2]

在维护国家主权、安全、发展利益的重大原则问题上，我们必须寸步不让、寸土不让。2020年6月牺牲在中印边境的4名解放军官兵：营长陈红军、战士陈祥榕、战士肖思远、战士王焯冉，用生命告诉我们什么叫"在维护国家主权、安全、发展利益的重大原则问题上寸步

---

[1] 《习近平在中央党校（国家行政学院）中青年干部培训班开班式上发表重要讲话强调：立志做党光荣传统和优良作风的忠实传人，在新时代新征程中奋勇争先建功立业》，《人民日报》，2021年3月2日，第1版。
[2] 习近平：《在2019年秋季学期中央党校（国家行政学院）中青年干部培训班开班式上的讲话》（2019年9月3日）新华网2019年9月3日。

不让、寸土不让"。

肖思远在战地日记中写道:"我们就是祖国的界碑,脚下的每一寸土地,都是祖国的领土。"

陈祥榕记录了这样一次战斗:"面对人数远远多于我方的外军,我们不但没有任何一个人退缩,还顶着石头攻击,将他们赶了出去。"

为了捍卫国家的领土主权,为了维护边境地区的安宁,4位官兵在与外军越线挑衅的斗争中献出了宝贵的生命。他们宁将鲜血流尽,不失国土一寸。他们"清澈的爱,只为中国"。

战斗英雄虽已离去,斗争精神永驻边关。新时代的年轻干部要向4位战斗英雄学习,在原则问题上寸步不让、寸土不让。

(三)要练就善于斗争的真本领、真功夫

习近平总书记要求年轻干部:"要坚定斗争意志,不屈不挠、一往无前,决不能碰到一点挫折就畏缩不前,一遇到困难就打退堂鼓。要善斗争、会斗争,提升见微知著的能力,透过现象看本质,准确识变、科学应变、主动求变,洞察先机、趋利避害。要加强战略谋划,把握大势大局,抓住主要矛盾和矛盾的主要方面,分清轻重缓急,科学排兵布阵,牢牢掌握斗争主动权。要增强底线思维,定期对风险因素进行全面排查。要善于经一事长一智,由此及彼、举一反三,练就斗争的真本领、真功夫。"

习近平总书记的这段话为年轻干部练就斗争的真本领、真功夫提出了正确的思想指导。

第一,提升见微知著能力。见微知著,就是要通过一些细微的变

让位　　　　　　　　新华社发　徐骏 作

化，经过深入思考分析，预判事物发展的趋势和规律，并由此作出正确选择。

年轻干部要善斗争、会斗争，首先要具备草摇叶响知鹿过、松风一起知虎来、一叶易色而知天下秋的见微知著能力，能够透过现象看本质，准确识变、科学应变、主动求变，对可能出现的风险挑战作出预判，洞察到先机，提前做好斗争准备，做到趋利避害，有备无患。

第二，加强战略谋划，把握大势大局。习近平总书记强调："战略问题是一个政党、一个国家的根本性问题。战略上判断得准确，战略上谋划得科学，战略上赢得主动，党和人民事业就大有希望。"[1]

不谋全局者，不足谋一域；不谋万世者，不足谋一时。年轻干部要善斗争、会斗争，必须要培育战略思维，加强战略谋划，抓住主要矛盾和矛盾的主要方面，分清轻重缓急，科学排兵布阵，牢牢把握斗争的主动权。

第三，增强底线思维。"君子以思患而豫防之"。这句话出自《周易》的既济卦，意思是说，君子总是想着可能发生的祸害，预先作出防范。这其实就是一种底线思维。所谓底线思维，是指立足最低点，从最坏情况出发，调动一切因素，争取最好结果的科学思维。

坚持底线思维，是中国共产党治国理政的重要思维方法和工作方法，也是年轻干部练就斗争的真本领、真功夫的重要思维。

1945年，毛泽东在党的"七大"上作结论报告，在分析国内形势时，告诫全党："有一个问题要讲清楚，叫做'准备吃亏'。有些同志希望我讲一些困难，又有些同志希望我讲一点光明。我看光明多得很，国内民主运动已经兴起，将来更有希望，苏联援助我们，美国、英国的无产阶级将来也还是要帮助我们的，这些都是光明。但是我们更要准备困难。"[2]

毛泽东在讲话中一口气列举了17条困难：1.外国大骂；2.国内大骂；3.准备被他们占去几大块根据地；4.被他们消灭若干万军队；

---

[1] 习近平：《在纪念邓小平同志诞辰一百一十周年座谈会上的讲话》（2014年8月20日），《论中国共产党历史》，北京：中央文献出版社，2021年2月第1版，第86页。
[2] 毛泽东：《在中国共产党第七次全国代表大会上的结论》（1945年5月31日），《毛泽东文集》第3卷，北京：人民出版社，1996年8月第1版，第387页。

5.伪军欢迎蒋介石；6.爆发内战；7.出了斯科比[1]，中国变成希腊；8."不承认波兰"（比喻我们得不到承认）；9.跑掉、散掉若干万党员；10.党内出现悲观心理、疲劳情绪；11.天灾流行，赤地千里；12.经济困难；13.敌人兵力集中华北；14.国民党实行暗杀阴谋；15.党的领导机关发生意见分歧；16.国际无产阶级长期不援助我们；17.其他意想不到的事。

这些困难，既有党内的，也有党外的；既有国内的，也有国际的；既有政治方面的，也有经济方面的；既有主观方面的，也有客观方面的，基本上把面临的困难和潜在的风险因素都考虑到了。为此，毛泽东同志教育全党："许多事情是意料不到的，但是一定要想到，尤其是我们的高级负责干部要有这种精神准备，准备对付非常的困难，对付非常的不利情况。"[2]

正是由于毛泽东始终坚持底线思维，把困难和风险想在前面，并且做好了随时斗争的思想准备，才使得中国共产党在力量极为悬殊的情况下，仅用3年的时间就赢得了解放战争的胜利，实现了中国人梦寐以求的民族独立和人民解放。

斗争是策略，是艺术。年轻干部要取得斗争的胜利，既要有斗争精神，还要有斗争的策略、斗争的方法。练就斗争的真本领、真功夫，善于斗争。只有练就斗争的真本领、真功夫，才能做到守土有责、守

---

[1] 斯科比（1893-1969）英国将领，1943-1944年任中东英军总参谋长，1944年起负责准备和指挥英军武装干涉希腊，镇压希腊民族解放运动。
[2] 毛泽东：《在中国共产党第七次全国代表大会上的结论》（1945年5月31日），《毛泽东文集》第3卷，北京：人民出版社，1996年8月第1版，第392页。

土尽责,召之即来、来之能战、战之必胜。

新时代的年轻干部要牢记习近平总书记的这段话:"要注重策略方法,讲求斗争艺术。要抓主要矛盾、抓矛盾的主要方面,坚持有理有利有节,合理选择斗争方式、把握斗争火候,在原则问题上寸步不让,在策略问题上灵活机动。要根据形势需要,把握时、度、效,及时调整斗争策略。要团结一切可以团结的力量,调动一切积极因素,在斗争中争取团结,在斗争中谋求合作,在斗争中争取共赢。"[1]

三、增强不当软骨头的风骨、气节、胆魄

"共产党人任何时候都要有不信邪、不怕鬼、不当软骨头的风骨、气节、胆魄。"[2]这是习近平总书记对全党提出的要求,也是对新时代年轻干部提出的要求。新时代的年轻干部要坚持原则,敢于斗争,必须增强不当软骨头的风骨、气节、胆魄。

(一)涵养亮剑精神

有一部电视剧名叫《亮剑》,在这部电视剧里,主角李云龙是这样解释亮剑精神的:"古代剑客们,在与对手狭路相逢时,无论对手有多么强大,就算对方是天下第一剑客,明知不敌,也要亮出自己的

---

[1] 习近平:《在2019年秋季学期中央党校(国家行政学院)中青年干部培训班开班式上的讲话》(2019年9月3日)新华网2019年9月3。
[2] 习近平在中央党校(国家行政学院)中青年干部培训班开班式上发表重要讲话,新华网2021年9月1日。

第四章　坚持原则　敢于斗争

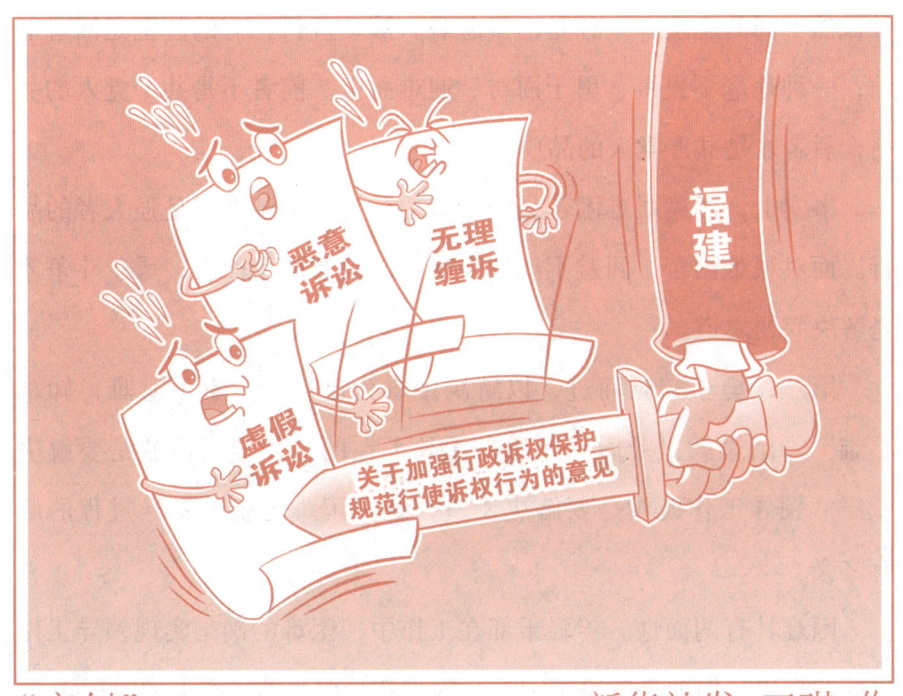

"亮剑"　　　　　　　新华社发　王琪　作

宝剑，即使倒在对手的剑下，也虽败犹荣。这就是亮剑精神。"

所谓"亮剑精神"，就是面对强大的对手，即使不敌，也要毅然亮出自己的宝剑。剑锋所指，所向披靡。即使倒下，也要变成一座山，一道岭。

第一，面对歪风邪气，敢于坚决斗争。2014年1月7日至8日中央政法工作会议在北京召开。习近平总书记出席会议并发表重要讲话。他在讲话中强调："政法队伍要敢于担当，面对歪风邪气，必须敢于亮剑、坚决斗争，绝不能听之任之。"习近平总书记的讲话不仅是对政法队伍提出的要求，也是对新时代年轻干部提出的要求。

第二，面对艰难困苦，敢于挺直胸膛。面对艰难困苦，向来有两种截然不同的态度：一种是消极悲观、被动应付，有的甚至是回避退缩；一种是毫不畏惧、勇于面对、迎难而上。前者不是共产党人的品格，后者才是共产党人的品质。

事实上，回避艰难困苦是懦弱者的行为，勇于面对是强大者的品行。面对艰难困苦，回避不能解决问题，只有敢于面对，勇于斗争才是解决问题之道。

第三，勇于知难而进，以解决困难为己任。"事不避难，知难不难"。困难就是矛盾。矛盾是无处不在的，领导工作就是要解决矛盾。领导工作既然是要解决矛盾，解决困难也就是领导过程的应有之义。

困难具有两面性。年轻干部在工作中，困难的确是实现领导工作目标的阻碍，但如果解决了困难，困难就会成为前进路上的阶梯。

困难像弹簧，你弱它就强。困难是欺软怕硬的，你如果弱，它就处处是你工作的阻碍；你如果强，它就是你施展才干的舞台。

困难既然是欺软怕硬，年轻干部就要勇于直面困难，在困难面前挺起胸膛，不退缩，不回避，不掩饰，以解决困难为己任。

（二）培养浩然正气

年轻干部增强不信邪、不怕鬼、不当软骨头的风骨、气节、胆魄，还要培养刚正不阿的浩然正气。浩然正气是一种崇高的精神境界，是一种惊天地、泣鬼神的品格和节操。

在我国，最早提出浩然正气的是生于两千多年前的孟子。孟子认为，浩然正气是最伟大，最刚强的。一个人如果有了"至大至刚"的浩然正气，就可以立于天地之间而无所愧怍，无所畏惧。而浩然正气的养成不是偶然获得的，是长期培养的结果，并且不能有丝毫的懈怠与疏忽。即使是一次不良的行为，也会使浩然正气丧失殆尽。

孟子还认为，对于一个人来说，浩然正气的主要表现就是："富贵不能淫，贫贱不能移，威武不能屈"。意思是说，富贵不能使他的心惑乱，贫困不能使他的节操改变，威武不能使他的意志屈服。

年轻干部有了浩然正气，面对歪风邪气，就能挺直腰板，勇于亮剑出击。即使是有风险的，他也决不退缩，而是用斗争的勇气来维护社会的公平正义。

（三）加强斗争历练

斗争精神、斗争本领，并不是与生俱来就有的，也不是一旦拥有就一成不变的。习近平总书记要求年轻干部"要自觉加强斗争历练，在斗争中学会斗争，在斗争中成长提高，努力成为敢于斗争、勇于斗争的勇士"[1]。

"刀在石上磨，人在事上练。"新时代的年轻干部要主动投身到斗争实践中去，坚持在重大斗争中磨砺，越是困难大、矛盾多的地方，越是形势严峻、情况复杂的时候，越能练胆魄、磨意志、长才干。

毛泽东指出："什么叫工作，工作就是斗争。那些地方有困难、有问题，需要我们去解决。我们是为着解决困难去工作、去斗争的。

---

[1]《习近平在中央党校（国家行政学院）中青年干部培训班开班式上发表重要讲话强调：立志做党光荣传统和优良作风的忠实传人，在新时代新征程中奋勇争先建功立业》，《人民日报》，2021年3月2日，第1版。

越是困难的地方越是要去,这才是好同志"。[1]习近平总书记强调:"我们共产党人的斗争,从来都是奔着矛盾问题、风险挑战去的。"[2]

常言道:院子里溜不出千里马,温室里长不出栋梁材。年轻干部要主动走出"舒适圈",深入基层、深入实际、深入群众,在改革发展的主战场、维护稳定的第一线、服务群众的最前沿、乡村振兴的主阵地、风险挑战的最前方磨炼斗争意志、锤炼斗争作风、丰富斗争经验、提高斗争本领。

---

[1] 毛泽东:《关于重庆谈判》(1945年10月17日),《毛泽东选集》第4卷,北京:人民出版社,1991年6月第2版,第1161页。
[2] 习近平:《发扬斗争精神,增强斗争本领》(2019年9月3日),《习近平谈治国理政》第3卷,北京:外文出版社,2020年6月第1版,第226页。

第五章

严守规矩　不逾底线

做可堪大用能担重任的年轻干部

讲规矩、守底线，首先要有敬畏心。心有所畏，方能言有所戒、行有所止。干部一定要知敬畏、存戒惧、守底线，敬畏党、敬畏人民、敬畏法纪。严以修身，才能严以律己。一个干部只有把世界观、人生观、价值观的总开关拧紧了，把思想觉悟、精神境界提高了，才能从不敢腐到不想腐。我们共产党人为的是大公、守的是大义、求的是大我，更要正心明道、怀德自重，始终把党和人民放在心中最高位置，做一个一心为公、一身正气、一尘不染的人。

第五章　严守规矩　不逾底线

习近平总书记指出:"讲规矩、守底线,首先要有敬畏心。心有所畏,方能言有所戒、行有所止。干部一定要知敬畏、存戒惧、守底线,敬畏党、敬畏人民、敬畏法纪。严以修身,才能严以律己。一个干部只有把世界观、人生观、价值观的总开关拧紧了,把思想觉悟、精神境界提高了,才能从不敢腐到不想腐。我们共产党人为的是大公、守的是大义、求的是大我,更要正心明道、怀德自重,始终把党和人民放在心中最高位置,做一个一心为公、一身正气、一尘不染的人。"[1]

习近平总书记的这段话不仅强调了讲规矩、守底线的重要性,并为年轻干部怎样讲规矩、守底线指明了有效的路径。

一、讲规矩是年轻干部的行事之道,立身之本

"没有规矩,无以成方圆",是人们常说的一句话。党的十八大以来,习近平总书记也多次强调,领导干部要守规矩。

2013年11月3日至5日,习近平总书记在湖南考察,他强调,要加强对党员、干部特别是领导干部的教育,让大家都明白哪些事能做、哪些事不能做,哪些事该这样做、哪些事该那样做,自觉按原则、按规矩办事。

(一)认清规矩真谛

什么是规矩?《现代汉语词典》对其解释为:规是画圆形的工具,

---

[1] 习近平在中央党校(国家行政学院)中青年干部培训班开班式上发表重要讲话,新华网2021年9月1日。

矩是画直角或方形用的曲尺，合起来指一定的标准、法则、习惯，或合乎标准及常理。

这一解释，虽然简约，但却不足以反映"规矩"的真谛。"规矩"的真谛是什么？

第一，规矩是一种尺度。秤可以量轻重，尺可以量长短。规矩就如同标尺一样，可以判断一个人人品的优劣。

就年轻干部来讲，人品优秀的年轻干部，为官做事守规矩。他知道哪些话该讲，哪些话不该讲。该讲的话，他会开诚布公地说出来；不该讲的话，他决不会信口开河。他知道哪些事情能做，哪些事情不能做。能做的事情，他会尽心竭力地把事情做好，人前人后一个样，台上台下一个样。不能做的事情，他决不会去打"擦边球"，搞"上有政策，下有对策"那一套。

人品低劣的年轻干部，视规矩为儿戏。他的心里，根本就没有"规矩"这两个字。对于党纪国法，对于规章制度，他通通置若罔闻。这种人阳奉阴违，当面一套，背后一套；这种人，表里不一，台上讲人话，台下讲鬼话。

第二，规矩是一种信条。规矩的制定，就是为了让人们遵守并执行的。如果不遵守，不执行，制定规矩也就毫无意义可言。正如习近平总书记2013年7月初在中央军委召开党的群众路线教育实践活动专题民主生活会上所强调的："定了规矩就要照着办，要求别人做到的自己首先做到，要求别人不做的自己绝对不做。"

既然制定了"规矩"，年轻干部就得按"规矩"做事，而不能违背"规矩"。"规矩"实质上是人类自己制定的信条。所谓信条，就是信仰并遵守的标准、法则或习惯。

因此,规矩一旦制定,年轻干部就要严格遵守,就要按规矩为官做事,而不能背离规矩。

第三,规矩是一种铁律。规矩既然是规定出来供人们遵守的标准、法则,它就应该是一条铁的纪律,要坚定不移地遵守。换句话说,就是要做到令行禁止。

如果把规矩当作橡皮泥,随便拿捏,规矩也就失去了它应有的作用。规矩既是铁的纪律,那么,就意味着在规矩面前人人平等,人人都要按照规矩做事。不管你是省长,还是平民百姓;不管你是腰缠万贯的富人,还是一贫如洗的穷人,谁都不能违背规矩,谁都不能凌驾于规矩之上。

第四,规矩是一种契约。在规矩这种契约面前,年轻干部就是要按照规矩的条款来做事,而且还要做得一丝不苟,半点折扣不打。请看老一辈无产阶级革命家林伯渠是怎样做的。

林伯渠(1886年3月20日—1960年5月29日)是延安著名的"五老"之一(延安"五老",即徐特立、吴玉章、董必武、谢觉哉、林伯渠)。抗战时期,林伯渠曾经担任陕甘宁边区主席,新中国成立后,他担任了中央人民政府秘书长。他始终保持着中国共产党人的优良传统,严于律己,克己奉公,即使是在生活小节上,也是一丝不苟,严格遵守党纪、政纪。

1953年底,林伯渠去广东休假并视察。广东省委负责人知道后,驱车前往车站迎接。

林伯渠见此情形,诚恳地对他们说,政务院已有明确规定,党、政、军、群负责人到下面视察、参观、休养、旅行时,地方负责人不许接送,不许摆设宴会和送礼,以后我们大家都要按照这一规定办事。

一次,他去北京劳动人民文化宫参观民主德国工业展览,讲解员见他是中央领导,且年迈体弱,就单独引导他走近道行进。

参观后,他在当天的日记中反思道:"由两个说明员引导走简捷路径,虽然便利,觉与众不同,不妥。"

(二)尊重敬畏规矩

面对规矩,年轻干部一定要有一种热爱之心,一种尊重之心,一种敬畏之心。事实证明,年轻干部如果不热爱规矩,不尊重规矩,不敬畏规矩,不遵守规矩,而是践踏规矩,就将受到规矩的惩罚。

德国著名哲学家康德(1724年4月22日—1804年2月12日)曾经说过一句非常富有诗意的话:"有两种东西,我对它们的思考越是深沉和持久,它们在我心灵中唤起的惊奇和敬畏就会日新月异,不断增长,这就是我头上的星空和心中的道德定律。"这句话刻在康德的墓碑上。

"头上的星空"与"心中的道德定律"为什么能唤起"惊奇和敬畏"?因为它们都与我们人类的生存息息相关。"头上的星空"是外在的自然规律,"心中的道德定律"是内在的道德良知。

人类要生存、要发展,不仅要顺从外在的自然规律,还要遵从内在的道德良知。否则,就会受到严厉的惩罚。因此,人类需要像敬畏外在的自然规律一样,敬畏内在的道德良知。

党的年轻干部作为人类的一员,也应该像敬畏外在的自然规律一

第五章 严守规矩 不逾底线

样,守望道德的星空,敬畏内在的道德良知,严格遵守道德规范。要知道,法律是成文的道德,道德是内心的法律。

年轻干部严格遵守道德规范,不仅要恪守社会公德、职业道德和家庭美德,更重要的是要恪守从政道德。

在整个社会道德体系中,从政道德居于最高层次,处于核心地位,代表着整个社会道德的先进水平和前进方向,对其他方面的道德建设有着直接而广泛的影响。

从政道德最为核心的一点,就是廉洁从政,不以公权谋取私利。焦裕禄就是敬畏从政道德的典范。

焦裕禄(1922年8月16日—1964年5月14日)曾经担任过兰考县委书记。他在兰考担任县委书记时所表现出来的"亲民爱民、艰苦奋斗、科学求实、迎难而上、无私奉献"的精神,被后人称之为"焦裕禄精神"。焦裕禄的清正廉洁是有口皆碑的。

一次,焦裕禄下乡回家很晚,但到家后,却不见儿子国庆在家。他正奇怪着,就见国庆兴高采烈地回来了。焦裕禄问国庆:"怎么这么晚才回家?"

国庆告诉爸爸:"看戏去了!"

"看戏去了,哪来的票?"焦裕禄追问儿子。

"是卖票的叔叔给的。"国庆很得意地说。

听了国庆的回答,焦裕禄很生气,批评了儿子,并拿出2角钱,让儿子第二天把票钱补上。

这件事引起了焦裕禄的深思。他认为这不是一件小事。这种苗头如果不能制止,就会助长特殊风气。因此,他在县委会上作了深刻检

★ 做可堪大用能担重任的年轻干部 ★

★ 图为在河南省兰考县焦裕禄同志纪念馆内拍摄的焦裕禄曾用过的藤椅（2014年5月5日摄）。（新华社记者 朱祥 摄）

讨，检讨自己教育子女不严。他还因此亲笔起草了要求全县党员干部必须做到的"十不准"。这"十不准"的主要内容有：不准请客送礼；不准大吃大喝，铺张浪费；不准用公款组织晚会；不准看戏不掏钱；不准到商业部门、合作社部门要求特殊照顾；不准利用职权为亲属、子女安排工作；不准任人唯亲，搞小圈子；婚丧嫁娶不准大操大办等。

焦裕禄严格按照"十不准"的要求办事,没有一丝一毫的违背。新时代的年轻干部应该向焦裕禄同志学习,廉洁从政。

(三)强化规矩意识

新时代的年轻干部要把讲规矩当作行事之道,立身之本,就要强化规矩意识。

第一,懂得规矩。遵守规矩,首先要懂规矩。一个连规矩都不懂的人,他怎么能去遵守规矩?英国著名思想家温斯坦莱曾经说过:"假如有很好的法律,但人民不了解它们,这对共和国来说就像没有任何法律一样糟糕。"

因此,年轻干部要通过认真努力学习掌握规矩。比如说,认真学习《党章》,学习《宪法》,学习法律法规,学习道德规范,等等。

第二,认同规矩。认同规矩,就是要通过认真努力学习而从心底里接受规矩。只有认同规矩,才能形成规矩意识,并内化为自觉的行动。事实上,世上任何有意识的行为都是从认同开始的。

第三,遵守规矩。遵守规矩,就是要在学习、认同的基础上,按照规矩的规范要求去做。规矩的生命力在于遵守执行。没有真正地遵守执行,谈不上具有规矩意识。

第四,捍卫规矩。强化规矩意识,还要通过内心的认同而捍卫规矩。这样规矩意识才是真正的形成了。

(四)克服特权思想

所谓特权,就是法律、制度规定之外的特殊权利。它的基本属性,是权利不受约束、制约，人与人之间不平等。

现代规矩的设计、制定，已经基本上做到了人人具有平等的权利。但是，在遵守规矩上，却有一些人"越规"。

有的人靠手中的权力获得"特权"。他们自以为自己权高位重，便不拿规矩当作一回事。

有的人靠手中的货币获得"特权"。他们自以为自己钱财丰厚，便财大气粗，视规矩为儿戏。

有的人靠关系获得"特权"。他们自以为自己有坚实的靠山，便狗仗人势，为所欲为。

这些人就是"特权"人群。这些特权人群虽然位数并不多，但是，他们对社会所造成的危害却是非常巨大。因为他们践踏了规矩，冲击了社会的公平。

尽管现代社会特权人物多是以隐蔽的形式同规矩较量，但是，年轻干部也不能低估他们对规矩的巨大破坏作用。

在依法治国的今天，克服特权思想，遏制特权人物的产生，是摆在年轻干部面前的一项重要的任务。

事实上，人人都有特权思想，并非是只有权高位重、腰缠万贯者。张明楷先生在《刍议刑法面前人人平等》中说过："普通人大脑中的特权观念也并不淡薄。一些人恨特权，是恨他人具有特权，而不是恨特权本身，反而朝思暮想自己有特权；一些人自己没有特权，但在办事时又想找个有权力的人为他行使特权。"[1] 张明楷先生看得透彻，

---

[1] 张明楷：《刍议刑法面前人人平等》，《中国刑事法杂志》（总第37期），1999年第1期。

★ 第五章 严守规矩 不逾底线 ★

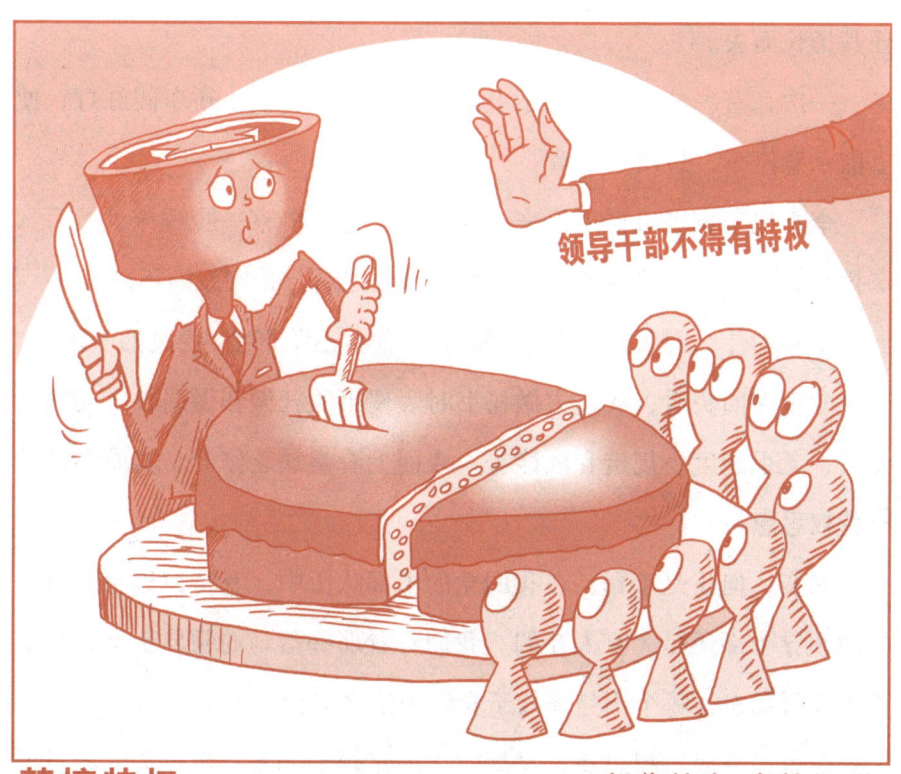

禁搞特权　　　　　　　　　　　新华社发 朱慧卿 作

说得深刻。比如我自己，排长队的时候，我就希望前面有个我认识的人，去加个塞。当然我不会真去加塞，但心里却有这种念头。

尽管几乎人人都有特权思想，但是，年轻干部的特权思想却具有更大的危害性。

特权思想会让年轻干部我行我素，凌驾于党纪国法之上。有着"河北第一秘"之称的河北省国税局原局长李真的所作所为，就给这种"特权"现象做了形象的注脚。

李真得志时，他的汽车在马路上行使，从来没有红绿灯的概念。年纪大的警察都认识李真的汽车，见其闯红灯，也只能装作没看见，

- 157 -

任其扬长而去。

一次,有一位新警察刚刚上岗。他看见有一辆小轿车闯红灯,便上前示意停车,想纠正违章。

李真把车窗玻璃摇了下来,随口吐了这个警察一脸唾沫,然后驾车扬长而去。这个警察知道了李真的背景之后,是敢怒而不敢言。

李真为什么胆敢这样做?我们看看他自己临刑前,说过的一段话:"现在回头看,我过去做秘书时表现出的狂傲和做局长后的独断专行、无视制度、规定和法律等,表面上看是缺乏修养,实质上就是有特权思想。"

其实,何止是李真,在我们党的干部队伍中,有特权思想、搞特权的领导干部还是大有人在的。我们看看那些落马的领导干部,哪个不是我行我素,哪个不是凌驾于党纪国法之上?

所以,克服特权思想,是新时代的年轻干部需要重点关注的重要问题。党的十八大以来,习近平总书记多次强调要反对特权思想、特权现象。

2013年1月22日,习近平总书记在中国共产党第十八届中央纪律检查委员会第二次全体会议上的讲话中强调:"反腐倡廉建设,必须反对特权思想、特权现象。"他在党的十九大报告中又重申:"坚决反对特权思想和特权现象。"

新时代的年轻干部克服特权思想,有许多路径,但核心的一点就是要正确认识权力的属性。

《中华人民共和国宪法》第二条明确规定:"中华人民共和国的一切权力属于人民。"谁授权,就要对谁负责,就要为谁服务,这是政治学的一条普遍原理，也是权力运行的一条基本法则。

年轻干部的权力既然是人民授予的，就要执政为民，就要为人民群众谋利益，谋幸福。焦裕禄同志为什么能清正廉洁，成为党员干部的学习榜样，很重要的一点，就是因为他对权力的属性有着清晰的认识。

"我们不是百姓的父母，而是老百姓的儿子，还要做听人民群众话的孝子，我们不是为民做主，人民才是主，人民要自己做主人，我们就是长工，是给人民扛长活的。"[1]

从这句通俗的名言中，我们可以看到，焦裕禄是清醒而正确地认识他手中权力的属性：手中的权力是人民授予的。既然手中的权力是人民授予的，就要用手中的权力去为人民谋利益，而不是为自己的家族、家庭谋利益。

人们常说领导干部难过亲属、子女关。但焦裕禄在亲属、子女问题上却经受住了严格的考验。他对亲属子女要求非常严格，从不利用自己的权力为亲属、子女谋取利益。

焦裕禄的大哥在尉氏县乡下。一天，焦裕禄的大嫂从尉氏县来到兰考，要焦裕禄在兰考给初中毕业的侄子安排个工作。听了大嫂的要求，焦裕禄摇了摇头，对大嫂说："不中。我是县委书记，县委书记怎么能违反国家政策呢！"大嫂见焦裕禄拒绝了自己的要求，很生气，说："俺这穷亲戚攀不上你这当大官儿的。"说罢，就头也不回地走了。

焦裕禄的大女儿焦守凤初中毕业后，县委的一些同志热情地要帮助她找工作。有人要安排她在机关当收发员，有的要安排她到学校当

---

[1] 廖海敏：《焦裕禄是一心为民的典范》，《开封日报》2014年4月29日。

老师。但焦裕禄谢绝了同事们的好意,坚持让女儿去又脏又累的酱菜厂工作。焦裕禄说:"刚出校门就想干轻松的工作,怎么行!不下去锻炼锻炼,就不知道工人怎么做工,农民怎么种田。领导干部的孩子更应该带头到艰苦的地方去工作。"焦守凤只好去了酱菜厂。

年轻干部应该向焦裕禄同志学习,对人民有着无比热爱的感情,对人民有着强烈的责任感和使命感,从而把人民赋予的权力化作为人民服务的责任,化作为人民谋利益的动力,有效地避免把权力看作炫耀的资本,当作谋取私利的工具。

二、守底线是年轻干部规避风险的屏障

股市里有一句警示语,叫作"股市有风险,入市需谨慎"。其实,不仅股市里有风险,仕途上也有风险。《人民论坛》杂志 2010 年 5 月刊公布的一项调查结果显示,44% 的受调查者认为"做官也是一种高风险职业"。

据说,清朝的政治家刘墉在刚刚步入仕途之时,他的父亲刘统勋就告诫他,身在官场,一定要懂得保护自己,否则,将会死无葬身之地。

当然,古今之事不可同日而语。但"仕途有风险"却是显而易见的。

古今中外,仕途中,掉下过多少"乌纱帽";囹圄里,关过多少"为官者",恐怕难以数得清。所以,有人说,为官从政就跟在天空中飞行的飞机一样,不管你飞得有多高有多快,关键是要能平稳落地,不出事,这才是王道。我觉得这个比喻真的是非常贴切。

周永康曾经官至中央政治局常委,中央政法委员会书记,但 2015

第五章 严守规矩 不逾底线

年6月11日,被判处无期徒刑,剥夺政治权利终身,并处没收个人财产。

1963年9月出生的孙政才,曾经官至中央政治局委员,重庆市委书记,但2018年5月8日,一审被判处无期徒刑,剥夺政治权利终身,并处没收个人全部财产。

周永康飞得不能说不高,孙政才飞得不能说不快,但都没有能平稳落地,出事了,而且是出了大事。

那么,身在仕途上的年轻干部如何才能化解仕途风险,能干成事,干成大事,又不出事,不出大事?可以肯定地讲,正确的答案不止一个。尽管正确的答案不止一个,但是,我认为,有一个答案,永远都正确,永远都管用。这个答案就是习近平总书记告诉大家的3个字:"守底线"。守底线是新时代的年轻干部规避风险的重要坚固屏障。

(一)底线是为人做事从政的最基本限度

著名作家柳青说过:"人生之路虽然漫长,但紧要处只有几步。"套用柳青的话来讲:"仕途之路虽然复杂,但关键处只有一步。"诚如真理再往前迈进一步就是谬误一样,在底线面前,再往前迈进一步,就可能是"仕途之路不再有,万丈深渊在等待"。

正因为如此,习近平总书记要求年轻干部要守底线。年轻干部能守住做人、处事、用权、交友的底线,就能守住党和人民交给自己的政治责任,守住自己的政治生命线,守住正确的人生价值。

第一,底线是一条"分界线"。关于底线,商务印书馆2001年出版的《现代汉语词典(修订本)》对它的解释是:"足球、篮球、羽毛球等运动场地两端的界线。"

底线既然是"运动场地两端的界线",那么,换一句话来讲,底线,就是运动规则所确定的行为主体在运动场上的活动范围。这就是说,体育比赛时,你要在运动场上活动,就得在界线内施展你的本领,在界线外活动无效,或者要被罚下场。

这是底线的初始意义。如果把底线引申运用到领导活动的领域,我认为,底线则喻指年轻干部为人、做事、从政的最基本准则、标准、条件和限度。

既然底线是年轻干部为人、做事、从政的"最基本准则、标准、条件和限度",那么,底线就是一条"分界线"。年轻干部如果逾越了底线,事物的性质就会发生根本性的变化。

事物的性质如果发生了根本性的变化,年轻干部不仅会失去为人、做事、从政的基础和资本,还会受到道德谴责和法纪的惩罚。

第二,底线是"高压线"。高压线,是输送高压电流的导线。常识告诉我们,输送高压电流的导线,是不能触碰的。触碰了高压线,轻者伤身,重者亡身。这是一条铁律。

因此,一个人只要他精神上没有什么问题,或者他知道自己面对着的是一条高压线,他是绝对不会去触碰它的,而是避之犹恐不及。当然,除非他精神上有问题,或者根本就不知情。

其实,底线就是"高压线",也是不能触碰的。谁触碰了它,也会陷入万劫不复之深渊。

要说这是一个简单得不能再简单的道理,每个人都应该明白才对。但事实上却并非如此,就连作为社会精英的领导干部,有的人对这个道理还是认识不清,有的人对这个道理还是认识不足,有的人虽然有认识，但还是心存侥幸。于是，这些人便毫无顾忌地去触碰底线。结果，或是身陷囹圄，或是走上不归之路。

2021年6月28日，在庆祝中国共产党成立100周年第二场新闻发布会上，中央纪委副书记、国家监委副主任肖培介绍，党的十八大以来，全国纪检监察机构共立案审查省部级领导干部392人，厅局级领导干部2.2万人，县处级领导干部17万人，乡科级公职人员61.6万人。全国共查处违反八项规定精神和四风问题62.6万起。

数字是很枯燥的，但是，每一个枯燥数字的背后都是一个领导干部不守底线而导致的悲剧人生。

这些身陷囹圄、甚至走上不归之路者，用他们失去自由或失去生命的沉重代价警示年轻干部：底线就是"高压线"，必须远离。

第三，底线是"生命线"。对于身在仕途的领导干部而言，是有两个生命的：一是自然生命；二是政治生命。

不管是自然生命，还是政治生命，都是短暂的，也都是脆弱的。短暂而脆弱的生命，是需要精心呵护的。

年轻干部如何精心呵护自己的生命？"守住底线"是一个非常重要的方法。底线是为官从政的"生命线"。如果不守底线，最终的结果会让他后悔莫及。

说到后悔莫及，请看一看2008年12月被法院以受贿罪判处有期徒刑十年零六个月的温州市环保局原局长叶钢炼在被检察机关立案侦查期间写的忏悔书中的一段话：

"什么是底线，底线就是从政的生命线……我平时过手的礼金、礼卡，就是底线所在。一张礼卡金额也许并不大，但恰巧就是这个防

★ 做可堪大用能担重任的年轻干部 ★

★ 2019年10月1日上午,庆祝中华人民共和国成立70周年大会在北京天安门广场隆重举行,这是群众游行中的"从严治党"方阵。(新华社记者 刘军喜 摄)

第五章 严守规矩 不逾底线

线上的突破口。底线的突破，给我今后的道路上，提供了腐败、堕落的可能……"

人之入狱，其言也实。叶钢炼在这时候说出的这段话，应该是一段大实话。

领导干部不守底线，就掐断了自身的生命线。即使他原先功劳大，官位高，都是无济于事的。2012年1月18日，重庆警方向媒体披露，充当毒枭保护伞的重庆市公安局禁毒总队原副总队长罗力已于1月6日被执行死刑。

罗力曾经是警界赫赫有名的"缉毒先锋"，他立功30余次，还获得过"五一"劳动奖章，是警界的"业务精英"。但是，他终因不守底线，违犯了党纪国法，为谭力仁、敖兴满等毒枭提供情报，充当毒枭的保护伞而走向灭亡。

如果罗力能守住底线，绝对不会是这样的结果。对于罗力来讲，没有"如果"，有的只是家人的悲痛，自己的悔恨。

年轻干部要记住，守住底线，生命线才能长盛不衰；守住底线，生命线才能长青不败。

第四，底线是"前程线"。某日，我在《百度知道》搜索"仕途畅达"一语，看到2008年7月28日有人给网上的"大师"提了这样一个问题：

"请教大师改什么名字有益仕途？本人女，姓孔，生于农历1982年9月17日23点多，现在有意走仕途，请大师看我生辰八字改什么名字好！另麻烦说一下名字要什么部首，多少笔画等。"

于是，网上就有"大师"给这位姓孔的女士起了若干个名字，什么滢滢、箩箩，什么媛馨，等等。

看到孔女士提出的这个问题和"大师"给出的答案，我觉得很有意思。改个名字就会有益仕途？我即使是孤陋寡闻，也知道答案。真是幼稚、天真得可以。

名字其实就是一个代号而已，怎么可能会有益仕途呢？同名同姓的人，有人可能当部长，有人可能为清洁工。我这里绝对没有看低清洁工的意思。部长和清洁工都是为人民服务，在人格上是平等的，我只是想举例来说明问题而已。

为官从政要有什么东西能真正有益仕途，首要的，是要守住底线，这是正道，这是基础。基础不牢，地动山摇。没有了这个基础，谈什么仕途？

从这种意义上讲，底线就是为官从政的"前程线"。守底线，才能前程无限。否则，就要"下线"。

"下线"，原指退出网络游戏或断开网络。我这里是以此来比喻退出仕途，离开领导工作岗位。

近些年来，因为守不住底线而下线、甚至被绳之以法的领导干部为数不少。

正如真理再往前迈进一步就是谬误一样，底线的下方就是万丈深渊。底线的突破是致命的，年轻干部不能不警醒。

对于年轻干部来说，底线就是党纪国法，底线就是道德良知。守住了"底线"，就守住了未来。

没有人不想有未来。如何才能有未来？人们可以给出各种各样的答案。正如莎士比亚所言："一百个读者眼中，就有一百个哈姆莱特"。

尽管"一百个读者眼中，就有一百个哈姆莱特"，但就年轻干部而言，要想有未来，必须有一个"哈姆莱特"。这个"哈姆莱特"就是"底线"。

总而言之，底线对于年轻干部的人生道路、仕途前程，是至关重要的。年轻干部应该战战兢兢、如履薄冰般地小心守护底线，以免为不守底线而付出沉重的代价。

（二）给自己的人生欲望设置个底线

欲望，是指想得到某种东西或达到某种目的的要求。人生是有欲望的，欲望是人类的本能。但要知道，欲望是一把双刃剑。欲望能成就人，也能摧毁人。因此，年轻干部需要给自己的人生欲望设置一个底线。否则，不仅会损害党和人民的事业，也会毁了自己，毁了家庭。

欲望，不仅是人类的本能，而且不同的人在不同的阶段有着不同的欲望。这一点早在1943年美国著名心理学家亚伯拉罕·马斯洛在他著的《人类激励理论》中就说得很明白。

马斯洛认为，人有生理上的需求，安全上的需求，情感和归属的需求，尊重的需求，自我实现的需求。需求，其实，也就是"欲望"。

没有欲望，就没有人类社会文明的进步。人类如果仅仅满足于乘坐马车，就没有飞机、汽车等现代交通工具。想当年，美国莱特兄弟就是因为有着要像鸟一样在天空飞行的欲望，才制造出飞机。

没有欲望，就没有人的成长成才。一个人如果仅仅满足于"挣钱—盖房子—娶婆姨—生娃—放羊"，他的生活道路也就只能在这几个轨迹上转圈。

可以说，是欲望创造了社会文明的进步，是欲望推动着人的进步、成长和成才。

欲望虽然对创造世界文明，推动人的进步、成长和成才，起着巨大的内驱作用，但欲望是有底线的。逾越了欲望的底线，欲望变成了贪欲，贪欲就会毁掉一个人，甚至毁灭世界

印度民族解放运动的领导人甘地说过这样一句话："地球能满足人类的需求，但地球不能满足人类的贪欲。"

贪欲，是无止境的欲望。有句成语，叫作"欲壑难填"，指的就是贪欲。

人类的"欲望"一旦变成"贪欲"，就会让地球难能承受；人的"欲望"一旦变成"贪欲"，就会让他人无法接受。

有欲望是正常的，但"欲望"变成了"贪欲"，则是异常的。异常，就脱离了正轨，脱离了正轨，就是脱离了正道。一个脱离了正道的人，迟早会被毁灭掉的。

明代朱载堉（1536年—1611年）的《山坡羊·十不足》就把人的贪欲以及结果描绘得淋漓尽致：

终日奔忙只为饥，才得有食又思衣。

置下绫罗身上穿，抬头又嫌房屋低。

盖下高楼并大厦，床前却少美貌妻。

娇妻美妾都娶下，又虑出门没马骑。

将钱买下高头马，马前马后少跟随。

家人招下数十个，有钱没势被人欺。

一铨铨到知县位，又说官小势位卑。

一攀攀到阁老位，每日思想要登基。

一日南面坐天下，又想神仙来下棋。

洞宾与他把棋下，又问哪是上天梯。

上天梯子未坐下，阎王发牌鬼来催。

若非此人大限到，上到天上还嫌低。

《十不足》是朱载堉写的散曲集《醒世词》中的一首。字里行间让我们看到的是一个"欲望无止境"的贪婪者。这就是所谓的："人心不足蛇吞象"。

其实，古时有人如此，现代有人更甚。"坐着奥迪想宾利，当了局长思部长；住着楼房盼别墅，有钱百万欲上亿；喝着茅台思拉菲，拥着娇妻盯美女。"

欲壑难填、贪来贪去的结果，会把自己送上一条不归路。纵观那些落马的官员、甚至是那些走向不归路的官员，没有哪一个不是被贪欲毁掉的。李真就说："我是被贪权、贪钱、贪色毁掉的"。

李真是被贪权、贪钱、贪色毁掉的，赖小民又何尝不是如此？

据中央纪委国家监委网站2018年10月15日通报，中国华融资产管理股份有限公司党委书记、董事长赖小民，"身为党员领导干部，理想信念完全丧失，党性原则荡然无存，擅权妄为、腐化堕落、道德败坏、生活奢靡，甘于被'围猎'……"

赖小民利用职务上的便利，为有关单位和个人谋取利益，或利用其职权、地位形成的便利条件，通过其他国家工作人员职务上的行为，为他人谋取不正当利益，直接或通过他人索取、非法收受相关单位和个人给予的财物，共计折合人民币17.88亿余元，其中1.04亿余元尚未完成收受。此外,赖小民在合法婚姻关系存续期间,还与他人长期以夫妻名义共同居住生活,并育有二子。

2021年1月5日,天津市第二中级人民法院公开宣判赖小民受贿、贪污、重婚一案,对被告人赖小民以受贿罪判处死刑,剥夺政治权利终身,并处没收个人全部财产;以贪污罪,判处有期徒刑十一年,并处没收个人财产人民币二百万元;以重婚罪,判处有期徒刑一年,决定执行死刑,剥夺政治权利终身,并处没收个人全部财产。

经最高人民法院核准,2021年1月29日上午,天津市第二中级人民法院依照法定程序对赖小民执行了死刑。

难填的私欲,让一些原来很有发展前景的领导干部走向了罪恶的

★ 2021年1月5日,赖小民案一审公开宣判。
（天津市第二中级人民法院供图）

第五章 严守规矩 不逾底线

深渊。教训真的是非常深刻。

新时代的年轻干部如何才能在人生正常的欲望推动下进步,而不让人生正常的欲望变成毁灭自己幸福的贪欲呢?

第一,给正当的、必要的欲望设置个边界。人生来就有欲望。目欲视、耳欲听、脚欲走、嘴欲吃……这些欲望都是正当的、必要的。

一个人正是因为有了这些正当的、必要的欲望,才有健康、健全的人生,才有幸福、快乐的人生。

但是,这种正当的、必要的欲望也是需要有节制的。目欲视,也不是什么都能看;耳欲听,也不是什么都能听;脚欲走,也不是什么地方都能走;嘴欲吃,也不是什么饭都能吃。如果看了不该看的东西,如黄片;去了不该去的地方,如色情场所、赌博场所,就会摊上大事了。

所以说,年轻干部需要给自己的这些正当的、必要的欲望设置个边界,知道适可而止。否则,正当的、必要的欲望就会变异。变异的欲望就会毁掉你的幸福、快乐。有这样一个故事:

有个人向上帝请求拥有一块自己的土地。上帝对他说:"清早,你从这里往外跑,跑一段就插个旗杆,只要你在太阳落山前赶回来,插上旗杆的土地都归你。"

那个人拼命地跑,太阳偏西了还在跑。太阳落山之前,他停下了,但已精疲力竭,摔个跟头就再也没有起来。

有人挖了个坑,就地掩埋了他。牧师在给这个人做祈祷的时候说:"一个人要多少土地呢?就这么大。"

年轻干部看一看,这有没有道理?你有百栋别墅,还是睡一张床;

你有百辆豪车，一次也只能坐一辆。

第二，欲望不能被自私和贪婪所胁迫。我们说有欲望才能有进步，但这种欲望不能被自私和贪婪所胁迫。被自私和贪婪所胁迫的欲望会发生异变。

变异的欲望会摧毁一个人的人生。常言道："知足者常乐。"托尔斯泰说："欲望越小，人生就越幸福。"欲望一定要有节制，如果没有节制，就会贪得无厌。贪得无厌的欲望常常反映在权、钱、色这三个方面。

有的人权欲很大。为了权欲，花重金买官。2013年2月28日，媒体上有一篇题为"局级官员为升迁支付600万元买官被骗"的报道。

"局级官员为升迁"，很显然，是想升为部级。在一般人看来，局长，这官已经不小了，何必要冒着这么大的风险来买部级的职位呢？想来，这是没有"鸿鹄之志"。

"支付600万元买官被骗"，说明他的"鸿鹄之志"不仅没有实现，还"赔了夫人又折兵"。支付600万元被骗，说明事情没有办成，白损失了600万元。要是仅有经济损失，他就是"万幸"了，不幸的是，把骗子抓住了，他还跑的了吗？那600万怎么来的，是要向有关方面说清楚的。

有的人钱欲无限。为了捞钱，以权谋私，以权寻租。家里都有成千上万的钱财了，还不够。甚至死到临头了，还往自己的口袋里塞钱。比如李真，他在已经知道中纪委开始调查自己，晚上睡不好觉，风声非常紧张的情况下，还敢收受工程的中介费。

为什么会这样？我是凡夫俗子，弄不明白。大家看一看李真自己

第五章 严守规矩 不逾底线

的答案:"是对钱的占有欲驱使着我。在膨胀的财富欲的驱使下,我几乎不假思索地诉诸权力,更助长了收钱的欲望,甚至觉得不收白不收。遇到工程项目就想弄钱,如果不弄到这笔钱,就感到焦躁,坐卧不宁。"那些十八大以来不收手、不收敛的人也是如此。

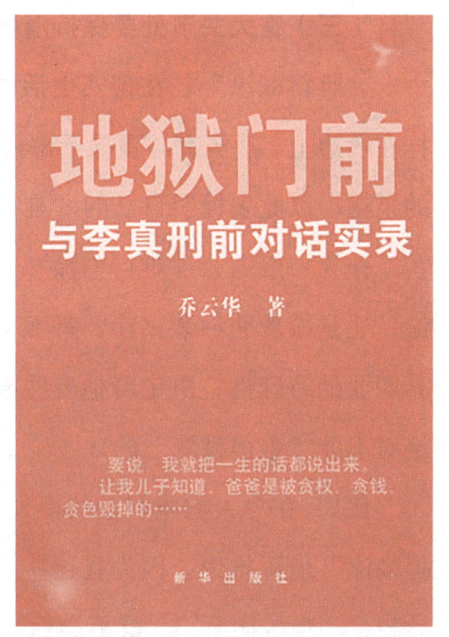

有的人色欲旺盛。家里红旗未倒,外面就彩旗飘飘。不仅养情人,甚至嫖妓。重庆市北碚区委书记雷震富就是一个典型。其不雅视频让人震惊。

新华社记者乔云华曾经问李真:"现在怎么看待女色?"李真说:"女色如同吗啡,偶尔一用可以安神止痛,如不节制,就要败家丧命!"

"对于秋蓉呢?""一个字:恨。"

"两个字呢?"李真不假思索地说:"恨!恨!"

"三个字呢?"李真咬牙切齿地说:"恨!恨!恨!芍药红妆,乃是杀人利剑。色字头上立刀锋呀!"

这个现在让李真恨得咬牙切齿的于秋蓉,是谁?她就是李真的情人。

李真死到临头,"恨"已经没有用了。但李真的"恨"是否能给年轻干部敲响警钟?

（三）在大关节处要保持清醒的头脑

"难得糊涂"，在现实生活中是挺时髦的话语。一些人经常把它挂在嘴边上，甚至有的领导干部还在办公室里悬挂着写有"难得糊涂"的条幅，以此来标明自己的"难得糊涂"。

作为一般人，"难得糊涂"是他自己的价值选择。不管他是真糊涂，还是揣着明白装糊涂，都无可厚非。但是，作为党的年轻干部，其职业的特殊性，决定着他有些事情能"难得糊涂"，但有些事情是绝对不能"难得糊涂"的。

比如，在个人物质利益的得失上，个人生活的质量上，年轻干部"难得糊涂"值得推崇。因为在这些问题上，"难得糊涂"，就不会斤斤计较；"难得糊涂"，就不会锱铢必争。这种糊涂，其实，是真聪明、真智慧，不是真糊涂。如果是糊涂，也是糊涂难得。

但是，在政治上，在大节上，在工作中，在利害权衡上，年轻干部决不能"难得糊涂"。要是"难得糊涂"，就是真糊涂。真糊涂，就会糊里糊涂地逾越底线，糊里糊涂地犯错误，甚至是糊里糊涂地走向了犯罪，走向了不归路。

新时代的年轻干部在大关节处要保持清醒的头脑，关键的一点，是要守住忠诚的底线。

2012年8月20日，新华网上发布的一条新闻引起了我的关注。这条新闻的题目是："重庆市公安局原副局长等4人包庇薄谷开来获刑"。看过题目，再看内容，我了解到以下的情况：

重庆市公安局原副局长郭维国，重庆市公安局刑警总队原总队长李阳，重庆市公安局技术侦查总队原总队长、渝北区公安分局原局长

★ 第五章 严守规矩 不逾底线 ★

警惕　　　　　　　　　　　　　新华社发　朱慧卿　作

王鹏飞，重庆市公安局沙坪坝区公安分局原常务副局长王智，他们在办理英国商人尼尔·伍德死亡案件过程中，明知薄谷开来有重大作案嫌疑，为使薄谷开来不受追诉，伪造、隐匿、毁灭证据，引导死者亲属作出不解剖尸体的决定。

合肥中院根据四人犯罪的事实、性质、情节及对社会的危害程度，依法以徇私枉法罪分别判处郭维国有期徒刑十一年，李阳有期徒刑七年，王鹏飞、王智各有期徒刑五年。四人当庭表示不上诉。

郭维国、李阳、王鹏飞、王智在办理英国人尼尔·伍德死亡案件过程中为什么要伪造、隐匿、毁灭证据？为什么要引导死者亲属作出不解剖尸体的决定？

虽然答案是"为使薄谷开来不受追诉"，但薄谷开来的背后有谁？是谁？是个很关键的问题。

不言而喻，薄谷开来的背后是薄熙来，而薄熙来时为中共中央政治局委员、中共重庆市委书记。

这一报道，引发了我对"忠诚的底线"这一问题的深层次思考。我认为，作为国家公职人员、作为司法工作者、作为领导干部，忠诚是有底线的。不能逮着谁，就效忠于谁，有奶便是娘，谁给我好处我就对谁死心塌地。忠诚的底线在哪里？

第一，党的干部的忠诚应该是对党、对人民、对国家、对法律的忠诚，而不是对某个领导盲目的忠诚。这就要求年轻干部在行使权力的时候，要站在党和人民的立场上，而不是盲目地站在某个领导的立场上；要对国家负责、对党负责、对人民负责、对法律负责，而不是盲目地对某个领导负责。

如果把忠诚廉价地送给某个领导，而这个领导的所作所为又违法违纪的话，不仅会给党和人民的事业带来危害，最终也会毁了自己。郭维国、李阳、王鹏飞、王智等人就是把自己的"忠诚"廉价地送给了薄谷开来，其实，是送给了薄熙来，最终自己落得身陷囹圄的下场。

第二，即使是忠诚于某个领导，也要忠诚于他的正确决策，而绝对不要对他的违法违纪忠诚。在当今的社会，每个人都心知肚明，没有哪一位领导会喜欢一个与自己离心离德的下属。相反，倒是对忠诚于自己的下属倍加喜欢。尤其是在干部选拔任用制度不是很健全的情况下，下属对某个实权在握的领导"忠诚"，而且这种"忠诚"又得到了领导的认同，那么，他会获得更多的升迁机会。

正因为如此，一些想在仕途上扬帆远航者会想方设法对领导表现自己的忠诚。要说这也无可厚非。问题的关键是不要盲目忠诚。如果

第五章 严守规矩 不逾底线

盲目忠诚，则会"盲人骑瞎马，夜半临深池"。

下属对上级领导的忠诚，应该是忠诚于他的正确决策。正确决策概括来说，就是能体现公共价值、以党和人民的利益为价值追求的决策。对这种决策，下属必须忠诚地予以执行，忠诚地不打折扣落实。

而对上级领导违法违纪的要求，则不能不分青红皂白地去做。否则，会作茧自缚，引火烧身。所以，我在讲课中常常说这样一句话："宁愿上不去，坚决别进去"。

所谓"上不去"，就是得不到升迁；所谓"别进去"，就是别身陷牢狱。我们看郭维国、李阳、王鹏飞、王智，他们如果"上不去"，还有自由的生活，但是现在，他们不仅"没上去"，反而还进了监狱。

第三，最好别"站队"，靠自己的本领去"上位"。"靠人不如靠自己"。事实上，年轻干部要想在仕途上有所发展，归根结底是要靠自己的高素质、真本领。

虽然"站队"对仕途有很大益处。但利益与风险是成正比的。利益大、风险也大。如果跟错了人，或者跟的人离开了原单位、原系统，或者跟的人出了问题，那还不如不"站队"。他不"站队"，还可以在原单位平静地工作；如果站错了队，他以后的日子会很难过。

那么，如何不"站队"而"上位"？最稳妥的办法，就是靠自己的高素质、真本领去上位。也就是说，年轻干部要通过自身的不断努力，提高自己的素质和能力来"上位"，这才是正道。靠山山会倒，靠水水会流，只有靠自己的高素质和自己的真本领才永远不会倒。

第四，即使要"站队"，也别盲目"入队"。年轻干部有时候不可避免要"站队"，那就得睁大双眼，用敏锐的政治眼光选择队列。

千万不能稀里糊涂，或者睁一只眼，闭一只眼。

如何选择？党、国家和人民的利益高于一切，千万别跟一些违法违纪的人同流合污。如果你能坚持住这一点，你就不会盲目"入队"，否则，必将带来危机、带来危害。郭维国、李阳、王鹏飞、王智等人不就是如此吗？

三、做一个一心为公、一身正气、一尘不染的人

毛泽东在《纪念白求恩》一文的结尾处说过这样一段话："我和白求恩同志只见过一面。后来他给我来过许多信。可是因为忙，仅回过他一封信，还不知他收到没有。对于他的死，我是很悲痛的。现在大家纪念他，可见他的精神感人之深。我们大家要学习他毫无自私自利之心的精神。从这点出发，就可以变为大有利于人民的人。一个人能力有大小，但只要有这点精神，就是一个高尚的人，一个纯粹的人，一个有道德的人，一个脱离了低级趣味的人，一个有益于人民的人。"[1]

时隔82年的今天，习近平总书记又向新时代的年轻干部提出的要求即"要正心明道、怀德自重，始终把党和人民放在心中最高位置，做一个一心为公、一身正气、一尘不染的人"[2]。

---

[1] 毛泽东：《纪念白求恩》（1939年12月21日），《毛泽东选集》第2卷，北京：人民出版社，1991年版，第660页。
[2] 习近平在中央党校（国家行政学院）中青年干部培训班开班式上发表重要讲话，新华网2021年9月1日。

(一)始终把党和人民放在心中最高位置

"始终要把人民放在心中最高的位置,始终全心全意为人民服务,始终为人民利益和幸福而努力工作",这三个"始终"是习近平总书记对全党提出的要求,新时代的年轻干部要坚定不移地做到。

第一,要心中装着广大人民群众。年轻干部始终把党和人民放在心中最高位置,心中就要装着人民群众,把人民的安危冷暖记在心头。

★ 和战友一起烧炭的张思德(左):为人民服务的典范。(资料照片)。(新华社发)

了解人民的诉求，了解人民的疾苦。心为民所系，利为民所谋。孙毅将军就是这样的共产党人。

1955年被授予中将军衔的孙毅将军，工资收入可以说并不算少。但他每月不仅没有节余，有时到月底他还得让公务员去卖旧报纸，以补贴工资之不足。

原来，孙将军每月除交给夫人固定的伙食外，其余的钱都用来给青少年购买、邮寄书刊了。这种活动孙将军整整坚持了二十年，花费的钱数以万计。有人问他："你这样做究竟图个啥？"他回答说："啥也不图，就是图青少年能成为对国家有用的人。"

孙毅将军的儿子结婚后，嫌家里的房子小，不高兴。孙将军就把他领到住房拥挤的邻居家受教育。看完邻居家的住房，孙将军对儿子说："要把自己摆在一个普通群众的位置上。心里有群众，许多事情就容易想通了。"

1976年唐山发生大地震时，北京也受到了波及。此时的孙毅将军想到的不是自身的安全，而是群众的安危。他把家人召集到一起，对他们说："我们家人少院子大，怎么都好办。可周围的群众房子挨着房子，楼挨着楼，一有震情，他们往哪里躲呀！我想，一旦有震情，就把咱们家的大门打开，让群众进来躲避。"听了他的话，一个孩子担心地问："那安全保卫怎么办？"

孙将军见儿子有想法，很生气，大声地说："这用不着你操心，我从参加革命的那天起，就准备为人民掉脑袋！"

这几件事虽然小，但却折射出孙毅将军心中装着人民群众，有着强烈的社会责任感。

第五章 严守规矩 不逾底线

"我从参加革命的那天起，就准备为人民掉脑袋！"这是一个共产党人的铮铮誓言，也是全心全意为人民服务的崇高精神境界。

难怪一位中央领导同志在知道了孙毅将军的事迹后，评价说："如果我们全军有一百个孙胡子，全国有一千个孙胡子，那我们就了不起啦！"

第二，把人民群众的根本利益置于首位。年轻干部始终把党和人民放在心中最高位置，就要把人民群众的根本利益置于首位。一切从人民的利益出发，而不是从个人或小集团的利益出发。

抗日战争时期，黄克诚将军率领部队在苏北地区打击敌人。1943年春节前夕，日寇集结了数万兵马，疯狂地向苏北抗日根据地发动了进攻，妄图将抗日军民一网打尽。

为暂避敌人的锋芒，黄克诚将军决定将部队从淤黄河的南岸撤到北岸，跳到敌人合击圈外进行斗争。

当时，淤黄河没有桥，指战员们便用小木船架起了一座船桥。船桥刚刚"架"好，敌人就逼近了。情况危急，部队必须立即过河。

可就在这时，附近村庄的数百名老百姓扶老携幼地拥到了河边。敌人的枪声越来越近，有的炮弹已经打到了河里。人多，桥窄，时间紧，危险大，怎么办？只见黄克诚将军站在南岸船桥口上，大声向正在过桥的部队命令道："部队停止，先让老百姓过桥。"

等百姓们在战士们的掩护下，安全地到达了北岸后，黄克诚将军才下达了部队继续过桥的命令。

面对敌人的围追堵截，黄克诚将军首先想到的不是自身的安危，而是百姓的安危。"让老百姓先过河"就是对党的宗旨的践行，就是始终把人民群众的根本利益置于首位。

第三,把人民对美好生活的向往作为奋斗目标。习近平总书记在十九大报告中强调:"人民是历史的创造者,是决定党和国家前途命运的根本力量。必须坚持人民主体地位,坚持立党为公、执政为民,践行全心全意为人民服务的根本宗旨,把党的群众路线贯彻到治国理政全部活动之中,把人民对美好生活的向往作为奋斗目标,依靠人民创造历史伟业。"

年轻干部把人民对美好生活的向往作为奋斗目标,就要了解人民群众的需求。有句谚语说得好:"盲人不会因为你给他送穿衣镜而感谢你"。在新时代,人民群众的需求不仅在物质生活方面高级化了,而且在其他方面的需求也多元化了。正像习近平总书记在十九大报告中所说的:"中国特色社会主义进入新时代,我国社会主要矛盾已经转化为人民日益增长的美好生活需要和不平衡不充分的发展之间的矛盾。我国稳定解决了十几亿人的温饱问题,总体上实现小康,不久将全面建成小康社会,人民美好生活需要日益广泛,不仅对物质文化生活提出了更高要求,而且在民主、法治、公平、正义、安全、环境等方面的要求日益增长。"

年轻干部要充分了解人民群众物质生活方面高级化的需求和多元化的其他方面的需求,然后带领人民群众为之奋斗,去实现美好生活的目标。

(二)敢于刀尖向内,勇于自我革命

新时代的年轻干部要"做一个一心为公、一身正气、一尘不染的人",还必须敢于刀尖向内,勇于自我革命。习近平总书记指出:"中国共产党的伟大不在于不犯错误,而在于从不讳疾忌医,敢于直面问题,勇于自我革命,具有极强的自我修复能力。"[1]敢于刀尖向内,勇于自我革命,是中国共产党永葆先进性和纯洁性的一个重要奥秘,也是年轻干部做一个一心为公、一身正气、一尘不染的人的重要方法。

第一,强烈的自省革新精神,是中华民族优秀传统文化的重要组成部分。商汤(约公元前1670年—公元前1587年),在自己的洗澡用具上就刻有"苟日新,日日新,又日新"的箴言,提醒自己要像每天洗澡一样及时反省和不断进行革新,孔子的学生曾子的"吾日三省吾身"更是众所周知。而宋明理学代表人物王阳明在《传习录》中则言:"我今说个知行合一,正要人晓得,一念发动处,便即是行了,发动处有不善,就将这不善的念克倒了。须要彻根彻底不使那一念不善潜伏在胸中,此是我立言宗旨。"这是说,他的立言宗旨,是必须要彻根彻底地不使那一念不善潜伏在自己的心里。

第二,敢于刀尖向内,勇于自我革命,是中国共产党最为鲜明、最为本质的政治品格。中国共产党自成立之日起,就把中华传统文化"审视其是非,辨识其善恶"的这种自省革新精神,作为政治伦理的重要组成部分,并予以发扬光大,弘扬为自我革命的精神。革各种错误路线的命,革各种错误思想的命,革各种错误行为的命。

毛泽东说:"房子是应该经常打扫的,不打扫就会积满了灰尘;脸是应该经常洗的,不洗也就会灰尘满面。我们同志的思想,我们党的工作,也会沾染灰尘的,也应该打扫和洗涤。'流水不腐,户枢不蠹',

---

[1] 中共中央党史和文献研究院:《十八大以来重要文献选编》,下,北京:中央文献出版社2018年版,第589页。

是说它们在不停的运动中抵抗了微生物或其他生物的侵蚀。对于我们，经常地检讨工作，在检讨中推广民主作风，不惧怕批评和自我批评，实行'知无不言，言无不尽'，'言者无罪，闻者足戒'，'有则改之，无则加勉'这些中国人民的有益的格言，正是抵抗各种政治灰尘和政治微生物侵蚀我们同志的思想和我们党的肌体的唯一有效的方法。"[1]

2018年6月14日，习近平总书记在山东考察时指出："我们党要永远立于不败之地，就要不断推进自我革命，教育引导党员、干部特别是领导干部从思想上正本清源、固本培元，筑牢思想道德防线，增强拒腐防变和抵御风险能力，时刻保持共产党人的政治本色。"[2]

汉朝人王粲在其《仿连珠》中有言："观于明镜，则瑕疵不滞于躯；听于直言，则过行不累乎身。"用明亮的镜子照自己，污垢斑点就不会长久地留在身上；听取直率的批评，错误的行为便能够得到及时改正。

正因为我们党在思想上高度重视自我革命，自我革命才成为了中国共产党坚持真理，修正错误，永葆先进性和纯洁性的重要手段。

第三，敢于刀尖向内，勇于自我革命，是年轻干部严以律己的重要路径。人非圣贤，孰能无过？年轻干部有缺点、错误不可怕，可怕的是不能正视自身的缺点和错误。年轻干部如果能正视自身的缺点和错误，并加以改正，就能拧紧世界观、人生观、价值观的"总开关"，就能提高思想觉悟、精神境界，就能成为一个"一心为公、一身正气、一尘不染的人"。

---

[1] 毛泽东：《论联合政府》（1945年4月24日），《毛泽东选集》第3卷，北京：人民出版社1991年版，第1096页。
[2]《习近平谈党的自我革命》，求是网2019年7月29日。

★ 第五章　严守规矩　不逾底线 ★

对照　　　　　　　　　　　新华社发　徐骏　作

成为一个"一心为公、一身正气、一尘不染的人"是崇高境界的要求。而且这种崇高的境界要求是上不封顶，能做多好就做多好，能多崇高就多崇高。

但要知道，万丈高楼平地起。走向崇高，底线是基础，如果没有基础，谈何走向崇高？所以，年轻干部要守住从政底线，走向崇高境界。

生活在社会中的人，都是有人性弱点的。年轻干部也不例外。即使我们要求每一位年轻干部都有崇高境界，但也不是所有的年轻干部都能达到崇高境界。崇高境界不一定每一位年轻干部都有，但底线却不能旦夕失守。

崇高境界上不封顶，从政底线是下要保底。一些年轻干部临歧路而不知转向；遇悬崖而不知止步，就是因为缺少守底线的意识。

对于年轻干部来说，底线就是党纪国法，底线就是道德良知。守住了"底线",就守住了未来。

(三)要正心明道、怀德自重

"正心明道、怀德自重"是习近平总书记对新时代年轻干部提出的要求。正心明道,才能行稳致远;怀德自重,才能走向崇高境界。

第一,正心明道。正心才能明道,心不正,则道不明。心是正根。宋代林逋在《省心录》中写道:"心不清则无以见道,志不确则无以定功。"林逋的意思是说,心里不清静,多贪欲,就不能明白事理;志向不坚定,多妄念,就不能建功立业。年轻干部如果心不清,多妄念,总想着升官、发财、光宗耀祖、封妻荫子,总打个人的小算盘,是不可能走正道的。

"浮生如茶,破执如莲,戒急用忍,方能行稳致远"。人生就像是品茶一样,越品越香,要像莲花那样执着,破水而出,不与淤泥同污,要不急不躁,学会忍让,唯如此,才能走得稳当,走得更远。新时代的年轻干部当牢记之,践行之。

第二,怀德自重。"山自重,不失其威峻;海自重,不失其雄浑;人自重,不失其尊严"。新时代的年轻干部怀德自重,才能茁壮成长。怀德自重,简而言之,自重,就是要尊重、重视自己的名誉;尊重、重视自己的人格形象,涵养个人品德,秉持官德。

古罗马的马奥维德曾经说过:"使一个人伟大,并不在于富裕和门第,而在于可贵的行为和高尚的品德。"

东汉科学家张衡说:"君子不患位之不尊,而患德之不崇。"中国古代先贤讲"修身、齐家、治国、平天下",已把品德修养列为为官从政者的第一要素。

新时代的年轻干部怀德自重，需要筑牢"诚实守信"的个人品德。这是年轻干部加强道德修养的基石。唐朝政治家魏徵云："言而不行，言无信也；令而不从，令无诚也。不信之言，无诚之令，为上则败德，为下则危身。"鲁迅先生说："伟大的人格的素质，重要的是个'诚'字。"

诚实守信是中华民族的传统美德。它虽然无形，但其价值却无可估量。唐代著名大诗人李白，在他所写的《侠客行》中，曾经用"三杯吐然诺，五岳倒为轻"这样生动的诗句，来形容"诚信"的分量比五岳还重。

新时代的年轻干部怀德自重，需要保持艰苦奋斗的优良传统。唐代著名诗人李商隐说得好："历览前贤国与家，成由勤俭败由奢。"这是历史经验教训的总结。艰苦奋斗是腐败堕落的克星，奢侈浪费是腐败堕落的根源。

千百年来，无数的事实证明，艰苦奋斗、勤俭节约，则国富民强；丢掉了艰苦奋斗的传统美德，贪图享乐，骄奢淫逸，搞铺张浪费，往小里说，能毁掉一个人的前程，毁掉一个家；往大里说，能使国家由强变弱，最终走向灭亡。翻开历史，这种悲剧无数次地上演过。

有位名人说得好："享乐对于人生来说，是最危险的东西。虽然，它没有牙齿，但可以吃掉你的理想；它没有双脚，但可以勾引你走向歧途；它没有烟味，但可以熏黑你的灵魂；它没有砒霜，但可以毒害你的情操、意志和人格……享乐的生活犹如醋酸，能腐蚀灵魂的钙质，会使人坠入深渊。"

中国科协原党组成员陈刚就是因为贪图享乐而坠入深渊的。2019

年7月11日，中央纪委国家监委网站通报了"中国科协原党组成员、书记处书记陈刚严重违纪违法被开除党籍和公职"的情况。

通报说："经查，陈刚政治上蜕变，丧失党性，毫无信仰，毫无敬畏，对党不忠诚不老实，搞两面派、做两面人，对抗组织审查，不如实说明问题，搞迷信活动；严重违反中央八项规定精神，利用职权建造供个人享乐的豪华私家园林，弄虚作假，违规多占住房，违规出入、独占私人会所，长年无偿占用酒店豪华套房，接受可能影响公正执行公务的旅游安排；经济上极度贪婪，长期利用规划审批的重要职权大肆敛财，为亲属经营活动谋取利益，大搞权钱交易，收受巨额贿赂；生活上极度腐化奢靡，道德败坏，肆无忌惮追求个人享乐，严重败坏党的形象。"

通报中所指出的，诸如"利用职权建造供个人享乐的豪华私家园林，弄虚作假，违规多占住房，违规出入、独占私人会所，长年无偿占用酒店豪华套房，接受可能影响公正执行公务的旅游安排"等问题，都是与党的艰苦奋斗优良传统和作风背道而驰的。陈刚也因此而走向了毁灭。

毛泽东在新中国成立前夕就告诫全党："中国的革命是伟大的，但革命以后的路程更长，工作更伟大，更艰苦。这一点现在就必须向党内讲明白，务必使同志们继续地保持谦虚、谨慎、不骄、不躁的作风，务必使同志们继续地保持艰苦奋斗的作风。"[1]新时代的年轻干部要牢记"两个务必"。

新时代的年轻干部怀德自重，需要恪守清正廉洁的政治道德。宋

---

[1] 毛泽东：《在中国共产党第七届中央委员会第二次全体会议上的报告》（1949年3月5日）《毛泽东选集》第4卷，北京：人民出版社1991年版，第1438—1439页。

务必使同志们继续地保持谦虚、谨慎、不骄、不躁的作风，务必使同志们继续地保持艰苦奋斗的作风。

朝人包拯在《乞不用赃吏》上疏中云："廉者，民之表也；贪者，民之贼也。"包拯的意思是说，廉洁者，是民众的表率；贪腐者，是百姓的敌人。

新时代的年轻干部必须清正廉洁，才能成为民众的表率。所以《中国共产党廉洁自律准则》要求中国共产党全体党员和各级党的领导干部"廉洁自律，接受监督，永葆党的先进性和纯洁性。"

2014年3月18日，习近平总书记在河南兰考调研时告诉领导干部，要"对一切腐蚀诱惑保持高度警惕，慎独慎初慎微，做到防微杜渐。"

清朝康熙年间，素有天下第一清官的张伯行，因政绩卓著，被提拔为督抚。一时间门庭若市，拜谒者纷至沓来，携礼相访，张一一谢绝，分毫不纳。并手书一禁止馈送檄，张贴于堂上。其文如下：

"一丝一粒，我之名节，一厘一毫，民之脂膏。宽一分，民受赐不止一分；取一文，我为人不值一文。谁云交际之常，廉耻实伤，倘非不义之财，此物何来！"此文现今读来，也令人心生敬意。巧合的是，张伯行是兰考人。

宋代人林逋在其《省心录》中说："不自重者取辱，不自畏者招祸。"这话说得非常深刻。

一个不自重的人是自取其辱。年轻干部只有尊重、重视了自己的名誉和人格形象，才能不苟且、不放纵，才能固守自己的高尚情操和精神家园，不会为"身外之物"低下高贵的头。

第六章

勤学苦练 增强本领

我们处在前所未有的变革时代，干着前无古人的伟大事业，如果知识不够、眼界不宽、能力不强，就会耽误事。年轻干部精力充沛、思维活跃、接受能力强，正处在长本事、长才干的大好时期，一定要珍惜光阴、不负韶华，如饥似渴学习，一刻不停提高。要发扬"挤"和"钻"的精神，多读书、读好书，从书本中汲取智慧和营养。要结合工作需要学习，做到干什么学什么、缺什么补什么。要学习马克思主义理论特别是新时代党的创新理论，学习党史、新中国史、改革开放史、社会主义发展史，学习经济、政治、法律、文化、社会、管理、生态、国际等各方面基础性知识，学习同做好本职工作相关的新知识新技能，不断完善履职尽责必备的知识体系。

实践出真知，实践长真才。坚持在干中学、学中干是领导干部成长成才的必由之路。同样是实践，是不是真正上心用心，是不是善于总结思考，收获大小、提高快慢是不一样的。如果忙忙碌碌，只是机械做事，陷入事务主义，是很难提高认识和工作水平的。

★ 第六章　勤学苦练　增强本领 ★

"我们处在前所未有的变革时代，干着前无古人的伟大事业，如果知识不够、眼界不宽、能力不强，就会耽误事。年轻干部精力充沛、思维活跃、接受能力强，正处在长本事、长才干的大好时期，一定要珍惜光阴、不负韶华，如饥似渴学习，一刻不停提高。"[1]习近平总书记的这段话明确地告诉年轻干部要勤学苦练、增强本领，否则，就会本领恐慌，干不好工作，难以承担重任。

一、多读书、读好书、善读书

书是储藏知识的宝库。习近平总书记在2013年3月1日中央党校80周年校庆的讲话中说过："学史可以看成败、鉴得失、知兴替；学诗可以情飞扬、志高昂、人灵秀；学伦理可以知廉耻、懂荣辱、辨是非。"

英国著名哲学家培根也说："读史使人明智，读诗使人聪慧，数学使人精密，哲理使人深刻，伦理学使人有修养，逻辑修辞使人善辩。"我国古代著名书画家米芾云："一日不读书，便觉思涩"。

读书的重要性由此可见一斑。然而，仅仅知道读书的重要性、仅仅喜欢读书是不够的，喜欢读书还要善于读书。为什么要强调"善读书"？"书犹药也，善读之可以医愚。"（西汉刘向语）善读书，才能获得真知灼见；善读书，才能长智慧、增才干。不善读书，则会食古不化、人云亦云，终究不能获益。

---

[1] 习近平在中央党校（国家行政学院）中青年干部培训班开班式上发表重要讲话，新华网2021年9月1日。

同样一本书,善读者与不善读者有着不同的读书结果。一部《红楼梦》,道学家见到淫,才子佳人见到爱,革命者见到反清复明的奇书,毛泽东见到了一部二千年中国封建史的大百科。《聊斋》一书,"善读之令人胆壮,不善读之令人入魔。"那么,何以才是善读书?

(一)有的放矢,完善必备的知识体系

据统计,中国每年大约出版新书45万余种,再加上浩瀚的古代典籍,一个人即使不工作,光读书都读不完。何况年轻干部还有许多重要而繁忙的工作要做。

因此,年轻干部读书首先要注意有的放矢。这就是说,年轻干部的读书学习,应该服从于职业角色的需要。根据职业角色的需要,不断完善履职尽责必备的知识体系。习近平总书记强调:"要结合工作需要学习,做到干什么学什么、缺什么补什么。"[1]

所谓知识体系,是指一个人的知识构成状况。它是各类知识在人的头脑中按照一定比例形成的能够产生整体功能的有机组合。体系决定功能,具有不同知识体系的人,会有不同的功能,能够完成不同性质的工作。习近平总书记对年轻干部如何不断完善履职尽责必备的知识体系提出了要求。他说,年轻干部"要学习马克思主义理论特别是新时代党的创新理论,学习党史、新中国史、改革开放史、社会主义发展史,学习经济、政治、法律、文化、社会、管理、生态、国际等各方面基础性知识,学习同做好本职工作相关的新知识新技能,不断

---

[1] 习近平在中央党校(国家行政学院)中青年干部培训班开班式上发表重要讲话,新华网2021年9月1日。

完善履职尽责必备的知识体系"[1]。

由习近平总书记的这段话可以看出,作为年轻干部,其履职尽责必备的知识体系主要应该包括以下几方面的内容:

第一,政治理论知识。年轻干部必须认真地学习马克思主义理论特别是新时代党的创新理论,尤其是习近平新时代中国特色社会主义思想,以及党的理论、路线和各项方针政策。这样才能保证政治方向正确,政治立场坚定,增强政治判断力、政治领悟力和政治执行力。

第二,历史党史知识。历史是最好的教科书。"指导一个伟大革命运动的政党,如果没有革命理论,没有历史知识,没有对于实际运动的深刻的了解,要取得胜利是不可能的。"[2]今天的中国是历史的中国的发展。作为当代中国的年轻干部,如果不了解中国的历史,特别是中国的近代史、现代史和我们党的历史,新中国史、改革开放史、社会主义发展史,就不可能认识和把握支配中国历史发展的内在客观规律,就不可能搞清楚中国共产党为什么"能"、马克思主义为什么"行"、中国特色社会主义为什么"好"等基本道理。

第三,专业业务知识。年轻干部要确保自己成为真正的内行领导,就必须认真学习和掌握精深的专业业务知识。只有这样,才能正确认识本行业的特点,才能正确把握本行业发展变化的规律,并根据本行

---

[1] 习近平在中央党校(国家行政学院)中青年干部培训班开班式上发表重要讲话,新华网2021年9月1日。
[2] 毛泽东:《中国共产党在民族战争中的地位》(1938年10月14日),《毛泽东选集》第2卷,北京:人民出版社1991年6月第2版,第533页。

业的特点和发展变化的规律，做出正确科学的决策。否则，以其昏昏，是不能使人昭昭的。

第四，领导专业知识。现实的社会，规模庞大，因素众多，结构复杂，这无疑对年轻干部提出了更高的要求。新时代的年轻干部如果仅凭以往的领导经验来进行领导，不仅不能适应时代的要求，也是不能实现有效领导的。实践中，一些领导决策失误、用人失察，工作效率不高，其中很重要的原因之一，就是缺乏领导专业知识。因此，年轻干部要想成为领导的内行，必须掌握娴熟的领导专业知识。

领导专业知识的核心是领导科学。其外围是预测科学、决策科学、人才科学和管理科学等。

第五，科学文化知识。领导活动是一项具有复杂性、综合性特点的社会实践活动。领导活动的这一特点，决定了新时代的年轻干部必须具有广博的自然科学和社会科学的知识，才能有效地、成功地驾驭领导工作。正如列宁所说的，只有用全人类的科学文化知识武装自己，才能成为一个共产主义者。因此，年轻干部应该广泛地学习经济、政治、法律、文化、社会、管理、生态、国际等各方面基础性知识，这些知识能开阔年轻干部的视野，增厚年轻干部的文化底蕴，提升年轻干部的思维创造能力，为做好领导工作打下良好的基础。

（二）熟读精思，把知识转化为见识

有知识不一定有见识。君不见有些文章，有些讲话虽然能体现出一种材料的丰富性，体现出一种知识积累的"厚度"，但往往没有深度，没有"透"度，道理没有讲透彻，理论与实际不相联系。读来、听来热闹非凡，但读后、听后常常会给人一种空洞的感觉。其原因就在于作者、讲话者的知识没有转化为见识，尚未把从他人书本上读来的东西，消化、转化为自己的东西。

对于知识和见识，日本的稻盛和夫说过一段很精辟的话：

"知晓了各种事情，就把'知识'拿出来炫耀，这是评论家做的事。他们阅读大量文献，博学且拥有丰富的知识。但即便拥有再多的知识，对人生并没有太大的意义。你只是成了一个知识渊博的人而已。

"同时，如果说'那个人有见识'，则不仅指拥有知识。是指在广泛学习后，在拥有知识的基础上，还通过领会知识，拥有了'非这样做不可'的信念。

"不仅拥有知识，而且知识升华到'非这样做不可'的信念时，就成了见识。

"通过自己的所知，能强烈认识到'非这样做不可'。像这样，将知识升华为一种信念，这就叫见识。"

要知道，一个人仅有知识，而没有见识，那就是纸上谈兵。年轻干部要有见识，就需要在读书时，"熟读精思"。孔子说："学而不思则罔，思而不学则殆"。只读书学习而不思考问题，就有可能遭到蒙蔽而陷于迷惑；只重思考而不注重学习，问题就仍然疑惑不解。

宋代著名思想家朱熹也认为："大抵观书须先熟读，使其言皆若出于吾之口；继以精思，使其意皆若出于吾之心，然后可以有得尔。"（《朱子大全·读书之要》）

朱老先生的这段话的意思是说，要把书本上的知识化为自己的思想，必须在熟读精思上下功夫。囫囵吞枣似的读书，读了等于没读。

★ 做可堪大用能担重任的年轻干部 ★

成长　　　　　　　　　　　　　新华社发　刘道伟　作

只有熟读，才能理解得深透，记得扎实；只有精思，才能融会贯通。

思考，才能把书本上死的知识变为见识；思考，才能用学到的知识解决建设中国特色社会主义现代化强国中遇到的各种复杂问题。

事实上，一个人的成长过程，就是读书思考的过程。读书，有的是读有字书，有的是读无字书。当年周恩来总理就说过："与有肝胆人共事，从无字句处读书"。读有字书，需读一流的书；读无字书，需在实践中摸爬滚打。

年轻干部不管是读有字书还是无字书，都不能只读不思。只有读且思，书才能越读越薄，才能悟出其中的真谛，成为自身成长的养料。

(三)学以致用,用学到的知识解决问题

读书要学以致用。中世纪波斯(今伊朗)的诗人萨迪说:"无论你腹中有多少知识,假如不用便是一无所知的。"他还比喻道:"有了知识而不运用,如同一个农民耕耘而不播种。"

毛泽东同志曾经在《实践论》中也说过:"如果有了正确的理论,只是把它空谈一阵,束之高阁,并不实行,那么,这种理论再好也是没有意义的。"学习的目的全在于运用。

事实上,我们看一位年轻干部水平高不高,不是单纯地看他读书多不多,而主要看他运用理论和知识解决实际问题的能力强不强。年轻干部读书如果不能学以致用,即使他读了再多的书,也不能说达到了读书的最终目的。

二、重视理论学习并发扬"挤"和"钻"的精神

总体上看,年轻干部是喜欢读书的。虽然年轻干部喜欢读书,但真正喜欢读理论书的,却不占多数。有调查显示,年轻干部对"理论著作"的学习缺乏兴趣。为什么缺乏兴趣?原因可能多样,但我认为,对理论学习的重要性认识不足,没有尝到学理论的甜头是一个很重要的原因。

(一)学习理论,大有裨益

理论是实践的指南,理论素养和理论水平是年轻干部素质能力的重要组成部分。如果年轻干部忽视理论学习,就不能有效地用理论来

指导实践。

毛泽东同志非常重视理论学习。1957年8月4日，毛泽东致信林克："你可看点理论书。你需要学理论。兴趣有，似不甚浓厚，应当培养。慢慢读一点，引起兴趣，如倒啖蔗，渐入佳境，就好了。"[1]

1957年10月2日毛泽东又致信林克，再次谈到学理论，培养兴趣的问题："钻到看书看报看刊物中去，广收博览，于你我都有益。略为偏重一点理论文章，逐步培养这一方面的兴趣，是我的希望。"[2]

毛泽东同志的话不仅仅是对林克所言，也是对所有年轻干部的要求。年轻干部应该按照毛泽东同志的要求去做，通过学习、工作实践，逐步培养理论学习的兴趣和热情。

孔子云："知之者不如好之者，好之者不如乐之者"。在孔子看来，懂得知识的人不如爱好知识的人；爱好知识的人不如以学知识为快乐的人。

由此而言，学习有"知、好、乐"三层境界。最高境界就是以学习知识为快乐的人。

年轻干部如果以学习理论为快乐，对学习有了兴趣，就会自觉地积极主动地去学习理论，从而变"要我学"为"我要学"。正如爱因斯坦所讲的："兴趣是最好的老师。"

（二）发扬"挤"和"钻"的精神

经常听到有的年轻干部抱怨"工作忙"，没有时间读书学习；也

---

[1]《毛泽东书信选集》，北京：人民出版社1983年第1版，第530页。
[2]《毛泽东书信选集》，北京：人民出版社1983年第1版，第531页。

听到有的年轻干部感叹马恩原著太深奥，读不懂。要解决这两个问题并不难，这就是要发扬"挤"和"钻"的精神。发扬了这两种精神，一切问题都会迎刃而解。

第一，发扬"挤"的精神。新时代的年轻干部工作忙，是不争的事实。但即使再忙，要是能"挤"，还是会有时间的。鲁迅先生就说过："时间就像海绵里的水，努力去挤，总是会有的。"有人赞誉鲁迅先生为天才，他说："哪里有天才！我是把别人喝咖啡的工夫都用在工作上。"

叶剑英是中华人民共和国开国元帅、中国人民解放军的缔造者之一。他有一个关于自己的工作、学习、休息的"座右铭"："抓紧时间工作、挤出时间学习、偷点时间休息。"这个"座右铭"压在他的写字台上玻璃板底下。他还常说："学习的时间主要是靠自己挤出来。努力挤，就有；不挤，就没有。"这实际上就是叶剑英挤时间学习的体会。

不要小瞧这种挤出来的时间。有人统计，一个人如果每天阅读一小时，三年之后可以变成某一问题的专家，五年之后可以变成国家级专家，七年之后可以变成世界级专家。

习近平总书记也强调学习要挤时间。他指出"哪怕一天挤出半小时，即使读几页书，只要坚持下去，必定会积少成多、积沙成塔、积跬步以至千里"。[1]

第二，发扬"钻"的精神。"挤"和"钻"的精神，也是毛泽东所提倡的。1939年5月20日，毛泽东在延安在职干部教育动员大会

---

[1]《习近平谈治国理政》第1卷，北京：外文出版社，2014年10月第1版，第407页。

上谈到了解决工作忙没有时间学习的方法,还有解决看不懂的方法。

他说,要用"挤"来对付忙。他还打比方说,这好比木匠师傅钉一个钉子到木头上,就可以挂衣服了,这就是木匠师傅向木头一挤,木头就让了步,才成功的。

他还针对有的同志反映基础太差、学习太难、看不懂的问题,给出了"钻"的方法。他说,就要像木匠用钉子钻木头一样地"钻"进去,多看看,不懂的东西就懂了。

毛泽东给出的方法,简要说来,就是以"挤"的方法获得学习的时间,以"钻"的方法求得问题的了解和深入。

(三)读书要有恒心

恒心,是一种持久的心力,包括耐挫能力和抗干扰能力。读书中发扬"挤"和"钻"的精神,还要靠恒心来保证。如果没有恒心,一曝十寒,三天打鱼,两天晒网,所挤所钻就会有限。如果有恒心,就会水滴石穿,绳锯木断。

"锲而舍之,朽木不折;锲而不舍,金石可镂。蚓无爪牙之利,筋骨之强,上食埃土,下饮黄泉,用心一也。蟹六跪而二螯,非蛇鳝之穴无可寄托者,用心躁也。"

这是荀子《劝学》中的一段话。荀子的意思是说,拿刀刻东西,如果中途停止了,腐朽的木头也刻不断;如果不停地刻下去,即使是金石也能雕刻。蚯蚓没有锋利的爪牙、强劲的筋骨,但它却能上吃泥土,下饮泉水,这是因为它用心专一的缘故;螃蟹有六条腿,两只大钳,然而没有蛇鳝的洞穴它就无处容身,这是因为它心浮气躁的缘故。

俗话说:"只要功夫深,铁杵磨成针。"东汉人王充在《论衡》中也说:"凿不休则沟深,斧不止则薪多。"这讲的都是恒心的作用。

三、坚持在干中学、在学中干

习近平总书记指出:"实践出真知,实践长真才。坚持在干中学、学中干是领导干部成长成才的必由之路。同样是实践,是不是真正上心用心,是不是善于总结思考,收获大小、提高快慢是不一样的。如果忙忙碌碌,只是机械做事,陷入事务主义,是很难提高认识和工作水平的。"[1]这段话的核心要点就是告诉年轻干部怎样成长成才。怎样成长成才?就是"坚持在干中学、学中干"。

(一)坚持在干中学

坚持在干中学,就是在战争中学习战争,在游泳中学会游泳。毛泽东曾经指出:"读书是学习,使用也是学习,而且是更重要的学习。从战争学习战争——这是我们的主要方法。没有进学校机会的人,仍然可以学习战争,就是从战争中学习。革命战争是民众的事,常常不是先学好了再干,而是干起来再学习,干就是学习。"[2]

"从战争中学习战争",就是在实践中学习。周恩来当年曾经作

---

[1] 习近平在中央党校(国家行政学院)中青年干部培训班开班式上发表重要讲话,新华网2021年9月1日。
[2] 毛泽东:《中国革命战争的战略问题》(1936年12月),《毛泽东选集》第1卷,北京:人民出版社1991年版,第181页。

有一联："与有肝胆人共事，从无字句处读书"。"从无字句处读书"，就是善于向实践学习。

1965年7月26日，毛泽东在中南海接见刚从海外归来的原国民党政府代总统李宗仁先生和他的夫人。接见中，毛泽东突然问李宗仁的机要秘书程思远："你知道我靠什么吃饭吗？"程思远不知该如何回答。

毛泽东告诉他："我是靠总结经验吃饭的。以前我们人民解放军打仗，在每个战役后，总来一次总结经验，发扬优点，克服缺点，然后轻装上阵，乘胜前进，从胜利走向胜利，终于建立了中华人民共和国。"

总结经验，就是"从战争中学习战争"。聂凤智（1913年9月—1992年4月3日），是中华人民共和国开国中将。他虽然个头不高，相貌平平，但却是一位智勇双全的常胜将军。他几乎指挥和参加过人民军队各种不同类型的战斗、战役，甚至包括陆海空协同作战。他还担任过"抗大"一分校胶东分校校长。聂凤智有个学习方法，就是"查战斗"。

所谓"查战斗"，就是每打一仗，总结一下，提高一步，再打一次更漂亮的胜仗。如果条件允许，聂凤智还会把干部战士带回到作战现场，重复作战过程，切磋指挥得失。

聂凤智出生于湖北省黄安（今红安）县吕王镇（现属大悟）花桥村，小时候只读过几年私塾。只读过几年私塾的聂凤智却成长为智勇双全的常胜将军。这是为什么？"查战斗"给出了答案。他善于"从战争中学习战争"。

第六章 勤学苦练 增强本领

"从战争中学习战争",即善于向实践学习,这是年轻干部成长成才的一条重要规律。新时代的年轻干部要成长成才,也必须善于向实践学习,在干中学。

第一,实践出真知。毛泽东说过:"人的正确思想是从哪里来的?是从天上掉下来的吗?不是。是自己头脑里固有的吗?不是。人的正确思想,只能从社会实践中来,只能从社会的生产斗争、阶级斗争和科学实验这三项实践中来。"

从前,有个叫张三的人准备了一些材料要盖房子。盖房的工匠对他说:"这些木材刚伐下来还没晾干,况且泥也是湿的。木材不干会变弯,泥湿会增加重量。现在虽然用这些材料也能盖成房子,但不久势必塌毁。" 张三不相信,他说:"书上讲'木受绳则直',木工用墨绳把木材弄直了,怎么还会弯?而泥干了会变轻,怎么会增加重量?"

工匠不再说话,便给张三把房子盖了起来。过了一段时间,张三建的房子果然塌了。

工匠可能没有读过书,但他却有着丰富的实践经验。实践出真知。张三不相信工匠的实践经验,执着于书本,结果吃了大亏。

第二,实践出真情。新时代的年轻干部要做好领导工作和其他各种工作,必须要了解真实的实际情况,这真实的实际情况不可能是主观臆测,也不可能是道听途说,真实的情况当然来自实践。

第三,实践是检验真理的唯一标准。辩证唯物主义认为,实践是认识的唯一源泉,实践也是认识发展的动力和检验认识是否正确的标准。真理只有经过实践的检验才能成为真理。然而,实践只能是社会的实践，人民群众的实践。

当然，实践也有教训。失败是成功之母。前人的教训，就是后人的经验。吸取了教训，也就学到了经验。

为什么强调新时代的年轻干部要向实践学习？因为只读书，不向实践学习，容易成为赵括。

据史书记载，赵括从小就学习兵法，谈论兵家大事，认为天下没有能比得上他的。他曾经和父亲赵奢谈论兵事，父亲都难不倒他。但他父亲并不认为他有能力。赵括的母亲问赵奢其中的原因，赵奢曰："打仗，是生死攸关的地方，而赵括太轻率的讨论它了。如果赵王不让他当将军就罢了，如果一定要让他当将军，打败赵军的人一定是赵括自己。"

赵括代替了廉颇以后，全部变更了军法，轻率的任用军官。秦国的将军白起听说以后，指挥奇兵，假装打败撤退，而断绝赵军的粮道，把赵军一分为二，赵军士气不能统一。被困四十多天，赵军非常饥饿，赵括亲自指挥精兵，秦军用箭射死了赵括。

赵括的军队大败，数十万赵军投降了秦国，秦国将他们全部活埋了。

（原文：赵括自少时学兵法，言兵事，以天下莫能当。尝与其父奢言兵事，奢不能难，不谓善。括母问奢其故，奢曰："兵，死地也，而括易言之。使赵不将括即已；若必将之，破赵军者必括也！"

赵括既代廉颇，悉更约束，易置军吏。秦将白起闻之，纵奇兵，佯败走，而绝其粮道，分断其军为二，士卒离心。四十余日，军饿，赵括出锐卒自搏战，秦军射杀赵括。

括军败,数十万之众遂降秦,秦悉坑之。《史记·廉颇蔺相如列传》)

意大利著名画家达芬奇说过:"理论脱离实践是最大的不幸。"赵括为什么被射杀?就是因为他只知道死读书本,而忽略了向实践学习。他只知道从书本出发,生搬硬套现成的原则、原理去处理问题,把书本当教条,视书本为圣经,岂能不败?

新时代的年轻干部向实践学习,就要深入实践,书本知识与实践发生矛盾时,要听实践的。实践是检验真理的唯一标准。

(二)坚持在学中干

坚持学中干,就是要用学到的理论来解决实际问题。清朝人潘耒在为明末清初著名思想家顾炎武的《日知录》所写的序言中云:"有通儒之学,有俗儒之学。学者,将以明体适用也。综贯百家,上下千载,详考其得失之故,而断之于心,笔之于书。其术足以匡世,其言足以救世,是谓通儒之学。若夫雕琢词章,缀辑故实,或高谈而不根,或剿说而无当,深浅不同,同为俗学而已矣。"

潘耒认为,世上的学问,有通儒的学问,有俗儒的学问。学问是用来说明道理,达于世用的。综合贯通诸子百家,详细考察其上下千余年的得失缘故,在内心进行判断,(然后)著书立说。这样的学术可以挽救世道、扶正世道,这样的言论可以拯救世道,这就叫作通儒的学问。至于那些着意修饰文辞,编辑掌故,或者高谈阔论而没有根据,或者抄袭旧说而不当,(这些做法)程度虽然不同,但都属于俗儒的学问。

由潘耒的话可知,"通儒之学"是面向社会、面向实践和面向现实的学问;"俗儒之学"是自唱自嗨,高谈阔论脱离现实的学问。

清朝经世派主要代表人物、道光朝重臣陶澍也有言:"有实学,斯有实行,斯有实用;非是,则五石之匏,非不枵然大也,其中乃一无所有。"

在陶澍看来,做学问,就要有实操性,有实用价值。否则,就是能装五石容积的大葫芦,这个大葫芦,不能说不大,但却是一无用处。

陶澍的这段话是用一个典故来说明要学以致用的道理。这个典故出自《庄子·逍遥游》:"惠子谓庄子曰:'魏王贻我大瓠之种,我树之成,而实五石。以盛水浆,其坚不能自举也。剖之以为瓢,则瓠落无所容。非不呺然大也,吾为其无用而掊之。'"

惠子对庄子说:"魏王送给我一个大葫芦种子。我种下了,结了一个有五石容积的大葫芦。我用这个葫芦来装水,但它不够坚固,举不起来;我把它剖开成瓢,又因为它太大没有它可以容纳的东西。这个葫芦不能说不大,但是它毫无用处,我就把它给砸了。

"实学"有一个突出的特点,就是"强调崇实黜虚、经世致用,主张关切时代主要矛盾、回答时代主要问题,主张学术要有益于治国理政,从而达到经世致用的目的。"

中国共产党也向来强调要学以致用,要用学到的理论来解决实际问题。新时代的年轻干部要用学到的理论解决实际问题,需要在以下几个方面有所作为:

第一,用学到的理论分析、研究中国特色社会主义现代化建设中的实际问题。理论联系实际,不是理论与实际的简单对应。它是要运用马克思的立场、观点和方法,去分析、研究中国特色社会主义现代化建设中的实际问题,通过分析研究,得出创造性的新结论,找出解决问题的新方法。正如毛泽东所说的:"中国共产党人只有在他们善于应用马克思列宁主义的立场、观点和方法,善于应用列宁斯大林关于中国革命的学说,进一步地从中国的历史实际和革命实际的认真研究中,在各方面作出合乎中国需要的理论性的创造,才叫做理论和实际相联系。"[1]

我们正处在向着全面建成社会主义现代化强国的第二个百年奋斗目标迈进的新时代,这是一项全新的事业,面临着许多新情况、新问题。年轻干部必须要用学到的理论分析、研究解决这些新情况、新问题,这样才算真正做到了理论联系实际。

第二,自觉地用学到的理论来指导自己的行动。年轻干部学习马克思主义理论除了要用它来分析、研究、解决中国特色社会主义现代化建设中的实际问题,还必须用它来指导自己的行动。正如刘少奇同志所说的:"我们要虚心地学习马克思列宁主义的立场观点和方法,学习马克思列宁主义创始人的高贵的无产阶级的品质,并且运用到自己的实践中去,运用到自己的生活、言论、行动和工作中去,不断地改正、清洗自己思想意识中的一切与此相反的东西,增强自己无产阶级共产主义的意识和品质。"[2] 只有这样,年轻干部才算真正学习了马克思主义的理论。

---

[1] 毛泽东:《整顿党的作风》(1942年2月1日)《毛泽东选集》第3卷,北京:人民出版社,1991年6月第2版,第820页。
[2] 刘少奇:《论共产党员的修养》(1939年7月),《刘少奇选集》上卷,北京:人民出版社1981年12月第1版,第110页。

要改正、清洗自己思想意识中与马克思主义要求相反的东西,年轻干部必须经常不断地反省自己,剖析自我。通过反省自己,剖析自我,及时、及早查出自身的问题和不足,然后加以改正。否则,为学习而学习,是没有益处的,也不能够做到真正的理论联系实际。

(三)坚持知行合一

知行合一,是明朝著名思想家王阳明提出来的哲学思想。所谓知行合一,是说认识事物的道理与践行此道理是密不可分的一回事。王阳明说:"知是行的主意,行是知的工夫,知是行之始,行是知之成。""未有知而不行者。知而不行,只是未知。"在王阳明看来,道理是行动的指导思想,而行动是指导思想实现的功夫。思想是行动的起始点,行动是思想的落脚点。还没有真正懂得道理而不行动者,如果知道了道理而不行动,则只是没有真正懂得道理。

习近平总书记也多次强调"知行合一"。2013年7月11日至12日,他在河北省调研指导党的群众路线教育实践活动时强调,要以"知"促"行"、以"行"促"知"、知行合一。2014年1月,他在中央党的群众路线教育实践活动第一批总结暨第二批部署会议上强调,"知"是基础、是前提,"行"是重点、是关键,必须以知促行、以行促知,做到知行合一。年轻干部坚持在干中学、在学中干,就是坚持知行合一,学用结合。

第一,知行合一,方能开阔视野。《庄子·秋水》云:"井蛙不可以语于海者,拘于虚也;夏虫不可以语于冰者,笃于时也;曲士不可以语于道者,束于教也。"

这段话的意思是说,井里的蛤蟆你无法跟它谈大海,因为它的眼界为狭小的生活环境所局限;夏天生长的虫子你无法跟它说冰雪是个什么样子,因为它的眼界为气候时令所限制;而孤陋寡闻的人,你无法跟他谈论大道理,因为他的眼界为受的教育所束缚。

那什么时候可以跟他们谈论大道理呢?《庄子·秋水》给出了答案:"尔出于崖,观于大海,乃知尔丑,尔将可与语大理矣。"

这就是说,当你走出狭隘的河岸,向大海观看,知道你的浅薄无知的时候,就可以跟你谈论大道理了。庄子这里是借秋水来说明视野的重要。

人的认识是受客观环境限制的。中国近代著名红顶商人胡雪岩(1823年—1885年)有一段名言:"如果你有一乡的眼光,你可以做一乡的生意;如果你有一县的眼光,你可以做一县的生意;如果你有天下的眼光,你可能做天下的生意。"一个在县域工作的年轻干部,如果他只有一个乡的眼光,他怎么能做好县域的工作?其他亦然。

如何开阔视野?1939年2月28日毛泽东就给出了答案。毛泽东在延安第十八集团军总兵站检查工作会议上说过:"有了学问,好比站在山上,可以看到很远很多东西;没有学问,如在暗沟里走路,摸索不着,那会苦煞人。"

这段话说得非常明确。要视野开阔,就得有学问。学问如何来?答案是:读书、实践,而且知行合一。

第二,知行合一,方能拓展格局。格局,是一个人的眼界、胸襟、气度、胆识等心理要素的内在布局。一个有格局的年轻干部眼界开阔,气度博大,胆识超群,思考问题,既有历史的深度,又有世界的宽度,更有未来的高度。曾国藩说:"谋大事者首重格局。"心中没有格局或者格局太小,都难成大事。

有一段很经典的话:"你从 80 楼往下看,全是美景,但你从 2 楼往下看,全是垃圾。人若没有高度,看到的全是问题,人若没有格局,看到的全是鸡毛蒜皮。"这说明格局决定着人的思想深度、眼界宽度、境界高度和胸怀广度。格局不一样,结局也大不一样。格局的大小决定着一个人所走路径的宽窄,决定着一个人能走多远。

中纪委第六纪检监察室原副处长袁卫华为什么走进了监狱?就是他的格局太小,是典型的"精致利己主义"。

精致利己主义者,只顾自己的利益,而不顾别人的利益,更别说集体的利益、国家和人民的利益了。他们从极端的个人私利出发,不择手段地追求名利、地位和享受。他们奉行的是"人不为己,天诛地灭"的价值观。

1996 年,袁卫华头顶河南省周口市高考状元的"光环"进入北京大学法学院。北大毕业后,他考入中央纪委机关工作。中纪委拍摄的纪录片《打铁还需自身硬》中,袁卫华面对镜头,也无比悔恨:"我的求学之路是很顺的,始终是第一第一第一第一,一直到北大。因为我当时对自己仕途的发展是一种比较快速的规划,希望能够尽快地进入处级这个岗位。但是这个目标情况之下,如果顺便能生活更好,那就是最好的结果了……真的特别后悔做这些事情。一方面反腐败,一方面腐败,这个确实是自己觉得挺后悔、悔恨的一件事情。"[1]

---

[1] 电视专题片《打铁还需自身硬》中篇《严防"灯下黑"》文字脚本,中央纪委监察部网站客户端,2017 年 1 月 4 日

★ 第六章　勤学苦练　增强本领 ★

从他的忏悔中，不难看出，他是既想当大官，又想发大财。于是，他不止一次地把工作秘密拿来做交易。

在袁卫华到中纪委工作之前，他父亲手下只有一支三五个人的小包工队，只能承接一些防水、房屋翻修的小工程，但袁卫华却帮他父亲的小作坊逐渐成为当地有名的承揽工程专业户。袁卫华则要求父亲订立遗嘱，写明"将家庭财产全部给大儿子袁卫华"。多年来，袁卫华利用自己的权力，承揽到总金额超过 10 亿元的工程项目。[1]

袁卫华除了通过拿工程牟利，还收受大量财物。党的十八大之后，

---

[1]《纪检"内鬼"袁卫华：利用职权"搞定"10 亿元项目》央视网 2017 年 1 月 5 日。

他仍然没有收敛、收手，泄密内容除了中管干部的问题线索，还包括重要案件的初核方案、审计报告、调查报告等，甚至帮审查对象一起分析情况，出谋划策。

要说袁卫华作为北大高材生，毕业后直接进入到中纪委工作，还曾经参与查办过慕绥新、马向东、武长顺等大案要案，可谓一路顺风顺水，前途大好。但精致的利己主义让他走上了不归路。年轻干部当引以为戒。

年轻干部如何拓展格局？答案还是：读书、实践，而且知行合一。一个人的思想有深度，格局才会有高度；一个人的思想有广度，格局才能有宽度；一个人的思想有温度，格局才能有亮度。而思想的深度、广度、温度不是天上掉下来的，而是从读书、实践中来。

第三，知行合一，方能增强本领。著名科学家牛顿说："如果说我比别人看得更远些，那是因为我站在了巨人的肩上。""站在了巨人的肩上"就是向巨人学习。

年轻干部要做好领导工作，需要有各种各样的本领。这些本领如何获得？答案依然是：读书、实践，而且知行合一。

曾国藩说："天下最难的是当官"。这句话并非是曾国藩凭空而发的感慨，而是他多年官场生涯的真实感悟。可以说，领导工作的复杂性比任何教科书中写到的都要复杂。

领导活动涉及各个领域：政治、经济、军事、外交、文化、教育、卫生，等等。哪个领域的问题处理不当，都会给领导工作带来影响。

领导工作关涉到各个方面：上级、同僚、下属、群众、主流媒体、自媒体等等。哪个方面的关系协调不好，都会给领导工作带来制约。

第六章　勤学苦练　增强本领

领导活动、领导工作不仅十分复杂，而且还非常深奥。有人说它"深不可测"；有人说它"深不见底"。这就需要年轻干部紧密结合思想和工作实际，加强理论学习，提高党性修养，砥砺政治品格，锤炼过硬本领。

要"博闻多知"。因为领导活动涉及各个领域、各个方面，所以年轻干部既要明政治，又要懂经济；既要知天文，又要懂地理。总之，是要博闻多知。说到"博闻多知"，请看梁启超和张之洞的一段故事：

清朝末年，资产阶级改良主义的倡导者梁启超，曾经去武汉讲学，宣传改良主义。此时，张之洞担任湖广总督。张之洞一贯主张"旧学为体，新学为用"，以维护封建伦理纲常。他向来就对改良主义抱敌视态度，因而，对前来作改良主义宣传的梁启超就特别反感。当他听说梁启超要来武汉时，便打定主意要让梁启超难堪。

一天，他们二人在酒宴上相遇。张之洞端着一杯酒，走到梁启超面前，对梁启超说："久闻梁先生大名，如雷贯耳，特来敬你一杯。不过，我这有一个上联，曾说与许多人听，但却没人能对出下联。凭梁先生的学识，恐怕是不会费吹灰之力的。"

梁启超一听这话头，立刻就明白了：这张之洞不过是想借此给我难堪，我倒要看看他出的是什么难对的上联。于是，梁启超便不卑不亢地说："承蒙总督大人这么看得起我，我就不揣冒昧，试一试。请总督大人说出上联吧！"

在场的人见两位名人以"对对子"的形式展开较量，都纷纷聚拢来，想看个究竟。张之洞放下酒杯，环顾了一下四周，然后说道："既然梁先生有意对下联，那我就不客气啦。我的上联是：

四水江第一，四时夏第二，先生居江夏，谁是第一？谁是第二？

怎么样？梁先生对下联吧！"张之洞说完，得意地摇了摇脑袋。心想：这回，我准让你在众人面前丢丑。听了张之洞出的上联，梁启超的朋友们也都为梁启超捏着一把汗。因为他们都明白，这个上联出得很见功力："四水"，指长江、黄河、淮河、汉水，其中长江最长；"四时"，指春、夏、秋、冬四个季节，夏季为四季中的第二个季节；"江夏"是武昌一带的古郡名。张之洞这上联的言外之意是说，我在这里是说一不二的人物，现在你也来了，那我跟你谁是第一，谁是第二？话虽然没有明说，但气势已咄咄逼人。"听话听声，锣鼓听音。"

梁启超当然知道张之洞的居心，也晓得他的用意。只见梁启超笑了笑，随口对出下联说：

三教儒在先，三才人在后，小子本儒人，何敢在前？何敢在后？

梁启超的下联刚一对完，在场的人就爆发出热烈的掌声。人们无不钦佩他那渊博的知识。张之洞的出对，涉及地理、时令、人文等多方面的知识，而梁启超则驾轻就熟，恰到好处又彬彬有礼地回敬了张之洞。"三教"指儒、释、道三教，以儒家为尊；"三才"指天、地、人，人位居最后。梁启超自称"儒人"，当然就既不能按"三教"的"儒"居第一，又不能按"三才"的人居末位，所以说"何敢在前？何敢在后？"而这两句又正好对"谁是第一？谁是第二？"无怪乎，在场的人齐声叫好！

这短短的对子，容载了非常大的信息量。而这信息量展示的又是一个人知识渊博的程度。

要"灵活运用"。领导虽然要"博闻多知"，但仅有"博闻多知"

还当不了领导。如果"博闻多知"就能当领导，最有资格当领导的，应该是大学教授和博士。而事实上，许多大学教授和博士做不好领导工作。

因此，新时代的年轻干部要做好领导工作，不仅要"博闻多知"，还要善于"灵活运用"。掌握了广博的知识，那只能算是"肚子里的学问"。要把这"肚子里的学问"，灵活运用到实际的领导工作中，那才是真正的有学问。否则，你背熟了兵书，却不能指挥打仗；你记住了决策的方法，却不能正确决策，那是不能算有学问的，顶多就是一个赵括。正如宋代著名文学家陆游所言："纸上得来终觉浅，绝知此事要躬行。"

管理学中有个"斜坡球体定律"，意思是说，一个人或组织如同斜坡上的球体，如果没有止动力，就会下滑。

"斜坡球体定律"告诉新时代的年轻干部，要持续不断地补足能力上的短板、本领上的不足，只有像海绵吸水一样不断地掌握新知识、熟悉新领域、开拓新视野，才能永远前进而不后退，才能肩负起时代赋予的历史重任，在全面建设社会主义现代化国家新征程中奋勇争先、建功立业。

深刻把握年轻干部成长成才的根本路径

"年轻干部生逢伟大时代,是党和国家事业发展的生力军,必须练好内功、提升修养"。日前,习近平总书记在中央党校(国家行政学院)中青年干部培训班开班式上发表重要讲话,为年轻干部成长成才提供思想和行动指南,指明了干部成为可堪大用、能担重任的栋梁之才的根本路径。

"信念坚定、对党忠诚,注重实际、实事求是,勇于担当、善于作为,坚持原则、敢于斗争,严守规矩、不逾底线,勤学苦练、增强本领",总书记对年轻干部提出的48个字要求,紧紧围绕锤炼党性这条主线,既有立根铸魂的高线要求,又有清正廉洁的为政底线;既谈谋事干事的科学方法,又讲干部的工作作风;既体现一以贯之的基本要求,又着眼新形势新任务赋予新内涵,是对年轻干部成长成才规律、方法、路径的全面系统总结。立足党性这一党员干部立身、立业、立言、立德的基石,从各方面加强党性修养和锻炼,年轻干部才能走稳、走实、走好成长之路。

基础不牢，地动山摇。年轻干部成长成才，首先要筑牢思想政治根基。理想信念是中国共产党人的精神支柱和政治灵魂，也是保持党的团结统一的思想基础。党员干部有了坚定理想信念，才能经得住各种考验，走得稳、走得远。坚定理想信念是党员干部的终身课题，需要常修常炼，要信一辈子、守一辈子。理想信念坚定和对党忠诚是紧密联系的。理想信念坚定才能对党忠诚，对党忠诚是对理想信念坚定的最好诠释。今天，党员干部对党忠诚，最根本的就是增强"四个意识"、坚定"四个自信"、做到"两个维护"，自觉在思想上政治上行动上同以习近平同志为核心的党中央保持高度一致，坚决贯彻执行党的理论和路线方针政策，不折不扣把党中央决策部署落到实处，始终做政治上的明白人、老实人。

作风问题，关系干部成长，更关乎工作成效。成为好干部，必须锻造实事求是、求真务实的良好作风。坚持一切从实际出发，是干部想问题、作决策、办事情的出发点和落脚点。要了解实际，就要眼睛向下、脚步向下，既"身入"基层，更"心到"基层，真真切切察实情、通民情，在深入扎实的调查研究中找到解决问题的办法。是不是讲真话、讲实话，是不是干实事、求实效，是检验干部是不是做到实事求是的试金石。正如习近平总书记指出的，坚持从实际出发、实事求是，不只是思想方法问题，也是党性强不强问题。要把说老实话、办老实事、做老实人作为党性修养和锻炼的重要内容，才能真正做到敢于坚持真理，善于独立思考，坚持求真务实。

急难险重显本色，大事难事见担当。年轻干部成为栋梁之才，离不开砥砺政治品格。干事担事，是干部职责所在、价值所在，也是共产党人政治品格的重要体现。事不避难、义不逃责，凡是有利于党和人民的事，就要大胆干、坚决干，才能攻坚克难、成就一番事业。成为好干部，既要敢担当，也要讲原则。坚持原则是共产党人的重要品格，是衡量一个干部是否称职的重要标准。一些领导干部违纪违法，往往是从不讲原则、不守规矩开始的，必须时刻绷紧政治纪律和政治规矩这根弦。共产党人讲党性、讲原则，就要讲斗争。破除好人主义，不当"好好先生"，在原则问题上决不含糊和退让，在大是大非面前旗帜鲜明，在小事小节中严守规矩，方能炼就金刚不坏之身，做一心为公、一身正气、一尘不染的好干部。

刀在石上磨，人在事上练。坚持在干中学、学中干是领导干部成长成才的必由之路。锤炼过硬本领，年轻干部既要发扬"挤"和"钻"的精神，认真学习马克思主义理论特别是新时代党的创新理论，结合工作需要加强学习，多读书、读好书，不断完善履职尽责必备的知识体系；也要加强总结思考，结合实践深化认识，善于把握规律。"人才自古要养成，放使干霄战风雨。"以忠诚干净担当的实际行动，投身新时代的伟大实践，年轻干部定能在全面建设社会主义现代化国家新征程中奋勇争先、建功立业，交出无愧于党和人民的精彩答卷。

（新华社北京 2021 年 9 月 2 日电）

参考书目

1. 《毛泽东选集》第1—4卷,北京:人民出版社,1991年6月版。
2. 《邓小平文选》第1卷、第2卷,北京:人民出版社,1994年10月第2版。
3. 《邓小平文选》第3卷,北京:人民出版社,1993年10月第1版。
4. 《刘少奇选集》上、下卷,北京:人民出版社,1985年12月版。
5. 《陈云文选》第3卷,北京:人民出版社,1996年版。
6. 《习近平谈治国理政》第1卷,北京:外文出版社,2014年10月第1版。
7. 《习近平谈治国理政》第2卷,北京:外文出版社,2017年11月第1版。
8. 《习近平谈治国理政》第3卷,北京:外文出版社,2020年6月第1版。
9. 李瑞环:《学哲学 用哲学》(上、下册),北京:中国人民大学出版社,2005年版。
10. 刘玉瑛:《领导干部要有大格局》,北京:新华出版社,2021年1月版。
11. 刘玉瑛、张今:《提高"政治三力",破解复杂棘手难题》。北京:新华出版社,2021年4月版。